मनोभावना

गीत श्री

भावना मिश्र

Made with ❤ on the Notion Press Platform
www.notionpress.com

'मनोभावना (गीत श्री)' पोथी हमर प्रेरणास्रोत आदरणीय ददिया साउस श्रीमती यशोदा देवीके सादर समर्पित करैत छी।हिनक नाम जेँना यशोदा अछि तहिना कर्मो अछि, हमरा लेल मैंइयाक अथाह प्रेम, हमर निक भाग्य अछिसे दर्शाबैत अछि। हिनक आशीर्वाद सदिखन संग हमर रहैत अछि, हिनक आशीर्वाद स्वरुप आय हमर पोथी प्रकाशित भौ रहल अछि।

'मनोभावना (गीत श्री)' पोथी हमर प्रेरणास्रोत,जन्मदाता हमर पापा 'स्व० विनोदानन्द झा' केर सादर समर्पित करैत छी।हुनक अनुभूति हमरा अप्पन संग सदिखन अनुभव होइत अछि,आ सदिखन हमर हृदयमे छैथ।

क्रम-सूची

क्रम-सूची

क्रम-सूची

क्रम-सूची

क्रम-सूची

दू आखर

मनोभावना (गीत श्री) पोथीमे हम अप्पन मोनके भावनाके गीतक माध्यमसँ व्यक्त करबाक प्रयास केलौ है। आर बड़ हरखक गप्प जें मिथिला विभूति गायक/ गायिका अप्पन मधुर स्वर देलनि। हमर रचनाके अभिव्यक्ति ऐतेक निकसँ कैल गेल तकर हमरा अपार हर्ष अछि। शब्द के सुदर प्रस्तुति गायक/ गायिका करैत छथि आ संगीतो निक हुएँ ईहो बड़ आवश्यक अछि। गीतक संगीत सेहो बड़ निक अछि।

हमर पहिल गीत लोकधुन प्रोडक्शन से गायिका वैशलया जी 'गौरी के ललना' गाउली । फोक गीत मैथिली चैनलपर गायिका जूली गोविन्द जी छैठक गीत बड़ निक गाउली आ संगे अभिनय सेहो केली। ई देखि हमर मनोबल बढल आ आर गीत सभ आयल।लोककला चैनल आ संगीतकार अभिमन्युँ झा के बहुत बहुत धन्यवाद जें हमरा पूर्ण सहयोग देलैथ आ बहुत रास हमर गीत यूट्यूब पर एखन उपलब्ध अछि।

हमर भाग्य जें दिग्गज कृतिमान स्थापित कलाकार हमर गीत गाउलाह। आदरणीय कुँज बिहारी मिश्र जी, हरिनाथ झा जी, सुरकोकिला रंजना झा जी, कुमकुम झा जी, सोनी झा जी, मोनी वैदेही जी, सोनी चौधरी जी, अंजु कात्यान जी, रचना झा जी, डोली झा जी, जुली झा जी, कामिनी झा जी, प्रिया राज जी, अमर आनंद जी, विकास झा जी, निखिल महादेव जी, राजीव रंजन जी, गोरव झा जी, चांदनी झा 'चकोर' जी, श्वाती झा जी आदि।

विभिन्न प्रकारक गीत अछि - भक्ति गीत, पाबैन-तिहारके गीत, लोकगीत, बिरह, मिथिला वर्णन, देशभक्ति, बिआह, बिदाई, मुरन, उपनयन आदि। लोकसभके गीत बहुत निक लगलेन्ह ताहि लेल सभ देखनिहार आ सुनिहार लोकिनके कोटि कोटि धन्यवाद। पाठक सभसँ आग्रह जँ पोथी प्रकाशित होयबाक बाद पोथी पढि, अप्पन प्रतिक्रिया फेसबुक, व्हाट्सएप, मेसेज आ फोनके माध्यम सँ अवश्य दी।

ई हमर पहिल एकल संग्रह अछि। कोनो तरहक त्रुटि लेल क्षमा माँगैत छी।

भावना मिश्र
नई दिल्ली।

आशीर्वचन

अपने लोकनि के जनतब अछि जे मिथिला पावैन त्योहारक नैहर अछि। बारहो मास छतीसो दिन पावैन स भरल रहैत अछि। एकरा ध्यान मे रखैत श्रीमती भावना मिश्र जी 'मनोभावना (गीत श्री)' रचना क अपने सभहक बीच उपस्थित भेलीह अछि।

एहि मे झमकौवा स ल भक्ति गीत, नचारी, होली, जन्मदिवसक, रंग विरंगक याने सब पावैन के ध्यान रखैतअपना पोथी मे समावेश करैत अपने लोकनिक सामने ठाढ छथि। भावना जी कवियत्री, गीतकार, समाजसेविका आ कुशल गृहणी छथि।

हमरा बुझने ई पोथी मैथिली मैथिल आ मिथिला लेल उपयोगी हेतैक। हम माँ सरस्वती स निहोरा करैत छियैन जे हिनका लेखनी पर अप्पन आशीर्वाद बरसबैत रहथिन्ह।

हमरा विस्वास अछि एहिना श्रीमती भावना मिश्र जी नव नव पोथी के माध्यम स मैथिली साहित्य मे अप्पन योगदान दैत रहतीह।

सादर,

अपनेक: विजय चन्द्र झा, अध्यक्ष, अखिल भारतीय मिथिला संघ

शुभकामना

मिथिला पुत्री श्री मती भावना मिश्र द्वारा रचित मनक भावना गीतशालाक स्वरचित संकलन पुस्तक के प्रकाशन पर अनंत शुभकामना और आशीर्वाद ज्ञापित करैत अपार प्रसन्नता भ रहल अछी जे भावना जी बिभिन्न आयाम पर एक कवियत्री के रूप में अनेक कवि सम्मेलनक मंच के संचालनक हिनक प्रतिभा अपन आंखि के देखल अहि वात के सत्यापित करैत अछि जे हिनक द्वारा रचित एवम संकलित पुस्तक के रूप में मनोभावना (गीत श्री) पुस्तक समस्त मिथिलाक जन जन के आकर्षित करत !!

भावना जी केलिखल अनेक गीत संगीत के मिथिला के नामचीन प्रतिष्ठित कलाकार गायक गायिका सभहक द्वारा गायल गेल अछी जे संगीत सब काफी लोकप्रिय भेल अछी और हीनक लिखल गीत गाबी वो गायक लोकाइन सेहो ख्याति प्राप्त केने छैथ !!

प्रमुख रूप सौ भावना जी के लिखल गीत के मिथिला के स्वर सम्राट श्री कुंज बिहारीमिश्र जी, श्रीमती रचना झा जी, डॉक्टर रंजना झा जी, श्री राजीव रंजन जी, श्री आयुष्मान शेखर, श्री संजय झाजी, स्नेहा झा, नव्या और मन्नन सहित अनेक गायक गायिका के मधुर कंठ सो गायल गीत मिथिलावासी जन जन के बीच काफी लोकप्रियता के प्राप्त क चुकल अछी !!

भावना जी निरंतर अपन लेखनी के काज में अग्रसर रहैत सतत सम्मानित होईत रहैथ संगहि अहि पुस्तक के लोकप्रियता के कामना करैत भावना जी के कोटि कोटि आशीर्वाद और शुभकना ज्ञापित करैत छी !!

प्रफुल्ल चंद्र झा
(समाज सेवी)

आशीर्वाद

सब सं पहिले ढेर रास बधाई आ बहुत बहुत शुभकामना भावना मिश्रजी के हुनक पोथी मनोभावना (गीत श्री)' क प्रकाशन लेल।

रचनाकार, गीतकार, हैप्पी फोर यू के संस्थापिका आ अनेक सामाजिक संस्था सं जुड़ल मृदुभाषी भावना मिश्रजी बहुआयामी व्यक्तिव के धनी छथि। हिनक लिखल चारिटा गीत हम गओने छी आ सबके खूब पसंद आयल छल।

आशा नहि पूर्ण विश्वास अछि जे हिनकर एहि पोथी के हरेक रचना सभगोटे के खूब नीक लगतैन। कामना करैत छी एहिना ई नित नव संकलन सब निकालैत रहैथि आ दिनानुदिन प्रगति के पथ पर बढ़ैत रहथि।

- सविता मिश्रा -

मैथिली लोक गायिका

1. गौरी के ललना आबू मोर अंगना

मुखड़ा
गौरी के ललना आबू मोर अंगना..-2
सोना के सिंघासन-2 मंगाब ने मंगना
गौरी के ललना आबू मोर अंगना..-2

अंतरा -1
प्रथम पुजाबी आहा महिमा महान यो..
लड्डू के भोग लागे मूस अईछ सान यो... -2
हे गजबदन हरू-2 हमरो विपतिया
गौरी के ललना आबू मोर अंगना..-2

अंतरा-2
कंचन थारी ल धूप दीप जराबू
कमलक पुष्प के हार गुथाबू
चरण शरण में, झुकैत अईछ भावना
गौरी के ललना आबू मोर अंगना..-2

2. मइया गौरी के ललना गणेश

मइया गौरी के ललना गणेश
हरु ने कलेश सबहक
हरु ने कलेश यो हरु ने कलेश
हम आरती
हम आरती करै छी गणेश
हरु ने कलेश सबहक

अंतरा 1
सदिखन आहा प्रथम पूजाबी
लंबोदर गजबदन कहबी
बर भाबैया 2 लड्डू के भोग
हरु ने कलेश सबहक
हम आरती करै छी गणेश
हरु ने कलेश सबहक

अंतरा 2
जे केउ आहा के शरण आबईया
भक्ति भावना मे डूईब जाइया
हम आरती 2 करै छी गणेश
हरु ने कलेश सबहक
हम आरती करै छी गणेश
हरु ने कलेश सबहक

3. एलई सावन जेबई पिया यो

एलई सावन जेबई पिया यो
लऽ कऽ कांवर बाबा धाम यो... 2
एलई सावन जेबई पिया यो
लऽ कऽ कांवर बाबा धाम यो...
जपब हम नाम बाबा के
लऽ कऽ कांवर बाबा धाम यो...2

अंतरा 1
सुलतान गंज स जल हम बोझबई
कन्हा कावर लकऽ जेबै
यो पिया यो कन्हा कावर लकऽ जेबै
सुलतान गंज स जल हम बोझबई
कन्हा कावर लक जेबै
ऊच नीच ऊच नीच रास्ता 2
एक शहारा बाबा नाम यो
एलई सावन जेबई पिया यो...2
लऽ कऽ कांवर बाबा धाम यो...

अंतरा 2
रिम झीम रिम झीम मेघो बरसतै
बाबा स बतियेतई
यो पिया यो बाबा स बतियेतई
रिम झीम रिम झीम मेघो बरसतै
बाबा स बतियेतई

भावना सजा कऽ आयल 2
भावना साजा रचना संग ऑयल
लऽ कऽ कांवर बाबा धाम यो...
एलई सावन जेबई पिया यो...2
लऽ कऽ कांवर बाबा धाम यो...

4. भोला भंडारी

सब लै खोललियई बाबा 2
सब लै खोललियई बाबा
शूखक पेटारी..
हे यो भोला भंडारी
हे यो भोला भंडारी
दरश के भेलौ हम भिखारी
हे यो भोला भंडारी

अंतरा 1
छलइ मनोरथ जे कावर सजबितऊ
सुलतान गंज स हम जल बोइझ लबितो
छलइ मनोरथ 3
छलइ मनोरथ जे कावर सजबितऊ
सुलतान गंज स हम जल बोइझ लबितो
जल बोइझ लबितो
सब लेल औढर दानी 2
कहाबी मसानी
हे यो भोला भंडारी
दरश के भेलौ हम भिखारी
हे यो भोला भंडारी

अंतरा 2
मंगब नै सोना चांदी.. नै हिरा मोती
दरश के आश बाबा आश नै बेसी

मंगब नै सोना 3
मंगब नै सोना चांदी.. नै हिरा मोती
दरश के आश बाबा आश नै बेसी
आश नै बेसी
भावना शरण मे बैसल 2
आबो त उबारू
हे यो भोला भंडारी
दरश के भेलौ हम भिखारी
हे यो भोला भंडारी

5. पाथरे मे रही क बाबा

पाथरे मे रही क बाबा
पाथरे बनलियई .... ह ह ह ह
पाथरे मे रही क आहा
पाथरे बनलियई
देलिये ने कनियो धियान
यो दानी आब कतेक दूर धाम
यो दानी .....

अंतरा 1
जिंनगी अनहार गुज आहा बिनु भेलै
बउक बताह बरी जग कही गेलै
2
ककरा सुनेबई दुःख
के सुनबैया
2
आहा छोईर दोसर नै नाम
यो दानी आब कतेक दूर धाम 2

अंतरा 2
फूलो लोढ़लौ.. जलो चढ़ेलौ
बाबा आहा के चाकर बनलौ
2
भावना के बुझत
नोर के पोछत

फसल आहा बिनु नईया
यो दानी आब कतेक दूर धाम 2

6. खोलू नयन एक बेर

खोलू नयन एक बेर
खोलू नयन एक बेर यो महादेव 2
भूत प्रेत सब बनल दास 2
पूजै सांझ सबेर
करु ने अतेक अनहेर यो महादेव
खोलू नयन एक बेर 2
खोलू नयन एक बेर यो महादेव 2
खोलू नयन एक बेर

अंतरा 1
बाघम्बर अइ वस्त्र अहाँक ...
नाघक माला गर्दन साजे..
2
डमरू के बोल अनमोल ..
डमरू के बोल अनमोल महादेव
खोलू नयन एक बेर यो महादेव
खोलू नयन एक बेर

अंतरा 2
पिसल राखल भंगक गोला
भूत प्रेत कहई बम भोला
2
भावन शरण तोहार
भावन शरण तोहार यो महादेव

खोलू नयन एक बेर यो महादेव
खोलू नयन एक बेर

7. जोगिया एगो जोगिया

ठार छै
जोगिया एगो जोगिया
ठार छै

एगो जोगीया छै
एगो जोगीया छै अंगना में ठार
बसहा सबार भेल छै
बसहा सबार भेल.... डमरू हाथ लेल
डमरू हाथ यो डमरू हाथ
दात टुटल छैन
दात टुटल छैन चोटकल गाल
बसहा सबार भेल छै
एगो जोगीया छै अंगना में ठार
बसहा सबार भेल छै

अंतरा 1
बाघमबर छै वस्त्र पहिरने
बाघमबर छै
बाघमबर छै वस्त्र पहिरने
सापक डोरी डार मे बन्हने
रूप देख मे
रूप देख मे लागै बेकार
बसहा सबार भेल छै
एगो जोगीया छै अंगना में ठार

बसहा सबार भेल छै

अंतरा 2

भोजन मे नै अन चाहत छै
भोजन मे यो
भोजन मे नै अन चाहत छै
दूध आ दही नै भावै छै
भांग गोला संग
भांग गोला संग भषम श्रृंगार
बसहा सबार भेल छै
एगो जोगीया छै अंगना में ठार
बसहा सबार भेल छै

अंतरा 3

कखनो मदारी कखनों भिखारी
कखनो मदारी यो
कखनो मदारी कखनों भिखारी
बैन घुमई छइथ सबके दुआरी
गेल भावना
गेल भावना छन मे बूझा
बसहा सबार भेल छै
भोला जोगीया बैन आंगन छैथ ठार
बसहा सबार भेल छै
एगो जोगीया छै अंगना में ठार
बसहा सबार भेल छै

८. रिम झीम रिम झीम सावन बरसै

रिम झीम रिम झीम सावन बरसै
भूत परेतो नचई छै
डमक डम डमरू बजय छै
यो बम भोला के अंगना
डमक डम डमरू बजय छै
यो बम भोला के अंगना

"कोना क आबू बाबा
आहा के अंगना दुआईर यो"

खन इमहर खन उम्हार मेधो
बोल बम बोल बम जपई छै
डमक डम डमरू बजय छै
यो बम भोला के अंगना
डमक डम डमरू बजय छै
यो बम भोला के अंगना

अंतरा 1
सुलतान गंज स.. कावर सजेबै
गंगा जल हम... लक एबै
2
सुइया पहाड़ उस नीच ...

चुभ चुभ रोरी गरैया

बोल बम बोल बम सापो जपई छै
बसहा सेहो नचई छै
डमक डम डमरू बजय छै
यो बम भोला के अंगना

अंतरा 2

चाकर बैन बाबा.... बसहा चरायब
नित भोरहरिया मे फूल लोढी लायब
2
"भावना हमर मोनक... आहा छोईर सुनतई के बाबा"

सबहक सुतल भाग्य जगाबी... हम्हू ऐलउ दूआरी
डमक डम डमरू बजय छै
यो बम भोला के अंगना

9. चेला छी हम.... महाकाल के

चेला छी हम.... महाकाल के
हा चेला छी हम.... यो महाकाल के

F
हम दिवानी .... महाकाल के
महाकाल के.... हम दिवानी

M
बम बम भोले 2
पिने जागा भांग सब डो डो डोले
2
F
बम बम भोले 2
पिने जागा भांग सब डो डो डोले
हम दिवानी .... महाकाल के
महाकाल के.... हम दिवानी

अंतरा 1
M
कालो के काल बाबा महाकाल छै
जाल स नै निकैल पेबै ई महाजाल छै
F

कालो के काल बाबा महाकाल छै
जाल स नै निकैल पेबै ई महाजाल छै
कालो के काल बाबा महाकाल छै
M
बम बम भोले 2
भूत परेत सब मिल कऽ डोले
बम बम भोले 2
भूत परेत सब मिल कऽ डोले
F
हम दिवानी .... महाकाल के
महाकाल के.... हम दिवानी

10. रहब कोना क

रहब कोना क बाजू यो भोला
रहब कोना क यो 2
टूटल मरैया मे कटत कोना दिन
रहब कोना क यो
रहब कोना क बाजू यो भोला
रहब कोना क यो 2

अंतरा 1
चाकरी ने करब हम आहा के सुनू
द आबू नैहर हमर बात मानू
2
खान बसहा खन सापो डेराबै
रहब कोना क यो
टूटल मरैया मे कटत कोना दिन
रहब कोना क यो

अंतरा 2
करब नै खेती की खेबै महादेव
मेंग चैग कत्ते दिन पेबई महादेव
2
ताहिपर चाही नित भांगक गोला रहबाई कोना क यो
टूटल मरैया मे कटत कोना दिन
रहब कोना क यो

अंतरा 2

सबहक बारी मे साग हरियर छै
अप्पन बारी में भांग भरल छै

2

सबहक भावना छन मे बुझलियई
अपने कि केलियई यो
टूटल मरैया मे कटत कोना दिन
रहब कोना क यो

11. पापा हे यो पापा

पापा हमर पापा...पापा हे यो पापा
लागै या निक पापा आहा के कोरा
खोलै छी आहा जखन हमरा लै झोड़ा
ओ अंगूर में फोफा ..... ओ लिट्टी पर चोखा
पापा हमर पापा...पापा हे यो पापा

लक aaha Kora खुआबी दूध भात....
खिस्सा सुनाक सुताबी appan साथ.....
पापा..... हमर पापा....
भोज खै जखन जेबई....हम लोटा laka अयबई
पापा..... हमर पापा....

बैन क गाती हमरा जाड़ सा बचाबी
कजर ल चांद माथ हमरा सजाबी
पापा..... हमर पापा....
पिठ घोरा सवारी..... गरगारी सिखाबी....
पापा..... हमर पापा

12. भोला भंगिया

भोला भंगिया यो आब नै पिसब भाँग तोर 2
जेबई नैहर हम रहब नै आब तोर टोल
भोला भंगिया यो आब नै पिसब भाँग तोर

अंतरा -1
अंगना में बान्हल बसहा
निको ने लगै
रही रही गहुमन फूफ
कारो कटई
भोला भांगिया यो भुतबा
करैया बड़ शोर
भोला भंगिया यो
आब नै पिसब भाँग तोर

अंतरा 2
सब ले कहाबई छी
औढर दानी
कनिको ने दाना घर मे
लाबई छी मैंग
भोला भंगिया यो
आब नै पिसब भाँग तोर

13. सावन सुहावन

सावन सुहावन लागैया
बड़ मन भावन लागैया
बम बम बम मेघो गरजै छै
रिम झिम रिम झिम बरसैया
भोला में मगन भेलै
डम डम डम डम डमरू बाजै
छम छम कांवरिया नाचई ना

Antra 1
देवघर मे बैसल बूढ़ा
बसहा सवार हेतै
भूत परेत इमहर
उमहर करैत हेतै
बाबा के बट्टी छूयई भांग में
सब केउ पिबैत चलु यो
दर्शन लै नैना तरसै
डम डम डम डम डमरू बाजै
छम छम कांवरिया नाचई ना

अंतरा 2
भोला भांगिया के महिमा
सब केउ जानै या
देवो के देव बाबा
सब केउ पूजैया

कन्हा पर कांवर उठेलौ बाबा...
बैन क कावरिया एलौ यो
भावना छल मोनक सुनेलऊ ऐलयू...
आहा के दुआरिया बाबा यो
डम डम डम डम डमरू बाजै
छम छम कांवरिया नाचई ना

14. भटकी रहल छी

भटकी रहल छी रने बॉने
भटकी रहल छी भोला रने बॉने
झर झर झहरैया नोर...
यो बाबा कखन हरब दुःख मोर
2

अंतरा 1
दुःख के रे मोटरी लs....
दुनिया में ऐलौ...
सुख सपनो नै....
नयना मे देलौ....
2
अही के पुजलौ
अही के सेबलौ
अही के पुजलौ
अही के सेबलौ तईयो
विपत्ति परल घनघोर
महादेव कखन हरब दुःख मोर

अंतरा 2
खोलू ने नयन हेयो....
औढर दानी...
देवो के देव आहा...
कहबी मसानी

2

फूल बेल पत्र गंगा
जल बोईझ लेलो
फूल बेल पत्र गंगा
जल बोईझ लेलो
बुझत के भावना मोर
महादेव कखन हरब दुःख मोर

15. शंकर सूत गोर लगई छी

हे शंकर सूत गोर लगई छी 2
चरण शरण मे हम झुकई छी
हे शंकर सूत गोर लगई छी

अंतरा 1
देवो मे आहा हे यो प्रथम पूजाबी
शरण मे आयल जे झट स उठाबी
2
मूस सवार आहा सदिखन रहै छी
2
चरण शरण मे हम झुकई छी
हे शंकर सूत गोर लगई छी

अंतरा 2
रिद्धी आ सिद्धि संग आहा के रहैया
भावना कल जोड़ी गोर लगैया
2
लड्डू के भोग बड आहा के भबैई
2
चरण शरण मे हम झुकई छी
हे शंकर सूत गोर लगई छी

16. गोकूल मे जन्मल कन्हईया

आई गोकूल मे जन्मल कन्हईया
बधईया चाहू ओर बाजै छै
मां यशोदा लुटाबई छइथ रुपैया
बधईया चाहू ओर बाजै छै

अंतरा 1
सखी आरती के थारी सजाउ न 2
माखन मिशरी स भोग लगाऊ न
2
सखी छम छम छम नाचई छै बदरा
बधईया चाहू ओर बाजै छै
मां यशोदा लुटाबई छइथ रुपैया
बधईया चाहू ओर बाजै छै

अंतरा 2
सखी मोर मुकुट के मंगाऊ न 2
श्याम सुंदर के एक बेर पहिराऊ न
2
मोन गद गद छै
मोन गद गद भ गेलैया भावना
बधईया चाहू ओर बाजै छै

भावना मिश्र

मां यशोदा लुटाबई छड़्थ रुपैया
बधईया चाहू ओर बाजै छै

17. भूतबा परेतबा के लागल बजार

भूतबा परेतबा के लागल बजार छै -2
भाषम रमल बूढ़ा बसहा सबार छै-2
सह सह करै सप गौजर हजार छै-२
भाषण रमल बूढ़ा बसहा सबार छै-2

अंतरा-1
डिम डिम डमरू बजाबाई छै बूढ़ा
भुतबा पारेतबा पिने भांगा गोला-2
गौरी धीया देख मैना बेहाल छै-2
भाषण रमल बूढ़ा बसहा सबार छै-2

अंतरा-2
परिछन्न कर लै जायत के सोझा
नारद केहन ध गेलई ई बोझा
धीय कहल बुझू भावना हमार यो
रुप बदलू सब हेतै नेहाल यो
भाषम रमल बूढ़ा बसहा सबार छै-2

18. राम जी भेटे नै धन लुटाबै सऽ

राम जी भेटे नै धन लुटाबै सऽ- 2
ओ तँ भेटे ये प्रेम मे लुटाबै सऽ
हुनकर ध्यान करू मौन लगा के
बैकुण्ठ भेटे ये हुनका ह्दय मे बिठाबै से

रामजी अहल्या के उध्दार केलेन2
प्रेम आ स्नेह के विस्तार केलेन
राम जी भेटे नहि धन लुटाबे सऽ
ओ तँ भेटे यै ध्यान लगाबै सऽ

शबरी के ऐठ बेरि खिलाबे से
स्वर्ग भेटलेन प्रेम शबरी के प्रेम लुटाबे से
राम जी भेटे नै धन लुटाबै सऽ
ओ तँ भेटे ये ध्यान लगाबै सऽ

भरत जी प्रेम मे राम के सेवक बनल
राम जी भरत के छाती से लगोलक
राम जी भेटे नै धन लुटाबै सऽ
राम जी तँ भेटे ध्यान लगाबै सऽ

राजगद्दी विभिषण के देलखिन्ह
भक्त सभ पर प्रेमक भावना बरसोलखिन्ह
राम जी भेटे नै धन लुटाबै सऽ
ओ तेँ भेटे यै प्रेम लुटाबै सऽ
ओ तेँ भेटे यै ध्यान लगाबै सऽ

19. मोरा रघुवर ऐला घर आजू

मोरा रघुवर ...2 ऐला घर आजू... चलू सखी स्वागत करब
राम पहुना ऐला घऽर आजू... चलू सखी स्वागत करब

अंतरा 1
रुप निहारु यो.... आरती उतारू
नजैर ने लागे कारी.... टिका लगाबु
हे ढोल बाजैये...2 बाजैये आजू साज
चलू सखी स्वागत करब
राम पहुना ऐला घऽर आजू... चलू सखी स्वागत करब

अंतरा 2
थार मंगाबू... चरण पखारू 2
कमल पुष्प स... आंगन सजाबू
हे दिया बाती सन..2 जगतै भाग्य
चलू सखी स्वागत करब
राम पहुना ऐला घऽर आजू... चलू सखी स्वागत करब

अंतरा 3
दर्शन ले व्याकुल.... सब हिनकर
भाग्य जागत गाम... मिथिला जिनकर
हे मोरा पहुना... 2 भावना बुझै
चलू सखी स्वागत करब
राम पहुना ऐला घऽर आजू... चलू सखी स्वागत करब

20. फूल अरहुल लक

फूल अरहुल लक..धूप आ गुगुल लक
वंदन करब नित तोर.. हे मईया
विनती सुनू न मोर..हे जननी
विनती सुनू न मोर

अंतरा 1
पिस पिठार ल गहबर सजेलौ
आहा लै अरहूल के माला ल ऐलौ
2
गर्दन लगा लिय कोरा उठा लिय
पुत्र करैत अइछ सोर..हे मईया
विनती सुनू न मोर..हे जननी
विनती सुनू न मोर

अंतरा 2
हे मईया रानी हे अम्बे भवानी
जग भैर जनैया अहीं सबटा जानी
2
मईया के अंगना मे..भक्ति भावना मे
डूईब जेबई सांझ आ भोर..हे मईया
विनती सुनू न मोर..हे जननी
विनती सुनू न मोर

21. सैन सैन मैट के दुर्गा

सैन सैन मैट के दुर्गा... रची रची सजेलियई हे 2
मां हे मूर्ती मे हऊ ने सहाई कि... आश लक बैसल छी 2

अंतरा 1
उइठ भोरे अंगना निपेलऊ गहबर सजेलऊ ना 2
मां हे मालिन स अरहुल मंगेलऊ कि
माला गुथेने छी
मां हे मूर्ती मे हऊ ने सहाई कि... आश लक बैसल छी 2

अंतरा 2
गहबर मे जंत्री रोपलऊ कि कलश बसैलऊ ना 2
मां हे आमक पल्लव लेलौ कि दीप जरेलौ ना
मां हे बुझू ने कनियो भावना कि... आश लक बैसल छी 2

22. बैसल ताकई छी

बैसल ताकई छी हम...रहिया निंघारई छी हम 2
कि हे ये मईया... दर्शण लै नैना हमरो तरसैया ना 2

अंतरा 1
पूजा के विधी नै जानी...
बैसल आंगन हम कानी...
कि हे ये मईया...नैना के नोर कहिया
सुखायत ना
कि हे ये मईया... दर्शण लै नैना हमरो तरसैया ना

अंतरा 2
बेटा कानै छौ मैया...
छाती लगेबै कहिया
कि हे ये मईया... भावना के सुनबै
कहिया पुकार हे गे मां

23. मईया दुर्गा अहीं छी

मईया दुर्गा अहीं छी मईया काली अही 2
अहीं पर्वत रहै छी.. खप्पर बाली अहीं
एलौ शरण अहीं के मइया ताकू कनी
2

अंतरा 1
ऋषि मुनि सब गुणगान करैया
जग भरी अहीं के नाम जपैया
2
सबहक बिगरल बनाबी शेरा वाली अहीं
एलौ शरण अहीं के मइया ताकू कनी
मईया दुर्गा अहीं छी मईया काली अही

अंतरा 2
कि पूजा कि पाट करु मां
बर पापी छी कोना नाम जपू मां
2
आहां छौर बुझतै नै भावना कहीं
मईया दुर्गा अहीं छी मईया काली अही

24. रुनझुन रुनझुन पैर पैंजनिया

रुनझुन रुनझुन पैर पैजनिया बैज रहल मईया के
बाघ बनल छै कहार ल क आइब रहल मईया के
स्वागत करियौ सब हिल मिल कऽ
मां दुर्गा एली मिथिला मे

अंतरा 1
झट इम्हर झट उमहर सजाबू
गाईयक गोबार सऽ अंगना निपाबू
अरहुल फुलक माला गर्दन
सोभई छैन मईया के
लाले लाल चुनरिया देखू
लाईब रहल मईया के
स्वागत करियौ सब हिल मिल कऽ
मां दुर्गा एली मिथिला मे

अंतरा 2
सिंघ सबार मां के रुप सोहबर
सागरो बजईं देखू आजन बाजन
2
दीप जराबू सांझ देखाबू...
मना लिय मईया के...
भक्ति भावना मे सब देखू...

डुइब रहल मईया के
स्वागत करियौ सब हिल मिल कऽ
मां दुर्गा एली मिथिला मे

25. अम्बे मईया जगदम्बे

हे अम्बे मईया जगदम्बे.. शरण मे आयल छी 2
फुल अरहूल के माला बनाक..
आहा लै लायल छी
हे अम्बे मईया जगदम्बे.. शरण मे आयल छी 2

अंतरा 1
महिमा आहा के भरी जग जनैया 2
पूज आहा के सब केउ आबैया
2
सांझ आरती के थारी सजाक
आहा लै लायल छी
हे अम्बे मईया जगदम्बे.. शरण मे आयल छी 2

अंतरा 2
विधी के किछु नै हम जानी 2
हम छी बेटी आहा के अग्यानी
2
कनी बूझू ने बेटी के भावना
शरण मे आयल छी 2
हे अम्बे मईया जगदम्बे.. शरण मे आयल छी 2

26. नौ दिन पुजलौ

नौ दिन पुजलौ हम
शरण मे रहलौ हम
चलू ने मना एल लेबैन आई
कि करबैन कोना मईया के विदाई 2

अंतरा 1
हे मइया रानी कि गलती भ गेलई
कोना क विधन ई विधी रची गेलई
मां गे हम तोरा बिनु
आंचरक छाःह बिनु
सोचलो नै हमरा जाई
कि करबैन कोना मईया के विदाई

अंतरा 2

बेटा टूगर कोना देखल जायत
ममता मई आहा दरेगो त आयत
सबहक सुनई छी...
दुःख के हरै छी...
भावना आहा लै समान
कि करबैन कोना मईया के विदाई

27. करु कृपा एकबेर हे काली

करु कृपा एकबेर हे काली
केलौ कियाक अबेर
केलौ अबेर किया केलौ अबेर
करु कृपा एकबेर हे काली
केलौ कियाक अबेर

अंतरा 1
अरहुल आहा के श्रृंगार में सोभै
मुण्डक माला आहा के भाबै
2
रक्तक पान आहा करी हे काली
केलौ कियाक अबेर
करु कृपा एकबेर हे काली
केलौ कियाक अबेर

अंतरा 2
महिमा आहा के केनै जनैया
शरण मे सदिखन सब केउ रहैया
2
भावना शरण नित पूजै हे काली
केलौ कियाक अबेर
करु कृपा एकबेर हे काली
केलौ कियाक अबेर

28. देखलौ एगो सपना

भोरही मे देखलौ एगो सपना
काली ऐली अंगना
2
मइया काली ऐली अंगना 2
रूपो छैन अद्भुत लाले नैना
काली ऐली अंगना
भोरही मे देखलौ एगो सपना
काली ऐली अंगना

अंतरा 1
छोट छिन गहबर छलई
अंगना बर चमकै छलई
2
अरहुल के
अरहुल सोभइ छल जेना गहना
काली ऐली अंगना
रूपो छैन अद्भुत लाले नैना
काली ऐली अंगना

अंतरा 2
गर्दन मे माला मुण्डक
हाथ मे बाटी खुनक
2

सबहक

सबहक बुझै छइथ मइया भावना
काली ऐली अंगना
रूपो छैन अद्‌भुत लाले नैना
काली ऐली अंगना

29. काली खप्पर बाली

हे काली हे खप्पर बाली
महीमा आहा के भारी
कsल जोइर क ठार छी मईया
बैन कs हम पुजारी
आबो फेरू ने नयन माहा कली
परल अईं बिपदा बर भारी

अंतरा 1
हाथ आहा के खूनक बाटी
ठार छी आहा शिव के छाती
2
जय काली जय काली जय काली सब करैया
भूत पिसाच थर थर थर थर सुइनते नाम कपैया
आबो फेरू ने नयन माहा कली
परल अईं बिपदा बर भारी

अंतरा 2
अष्ट भुजा के पहिर क लहंगा
मुण्डक माला गरीदन साजै
2
ढोल ढमा ढम बाजै आजू ...
बजैया सेहनाई
रूप अनूप लक मइया
एथीन अंगना आई

आबो फेरू ने नयन माहा कली
परल अईं बिपदा बर भारी

अंतरा 3
आरती करै या नर आ नारी
लाले श्रृंगार मां के लाले साड़ी
ममता मय हे काली तकियो
करियो देर ने ऐना
रंजीत शरण मे आयल लक
पँती लीखल भावना
आबो फेरू ने नयन माहा कली
परल अईं बिपदा बर भारी

30. शायमा मा के अंगना

शायमा मा के अंगना लगई पावन यो-2
मां काली के रुप मन भावन यो -2
शायमा मा के अंगना लगई पावन यो
यो-2

अंतरा -1

दरभंगा शहर रहें सदिखन सजल
बिचे राहे पर अद्‌भुत ई मंदिर बनल
ममता बरसई जेना सावन यो-2
शायमा मा के अंगना लगई पावन यो-2

अंतरा -2
देखू अंचरी चढई मा के लाल सखी
दर्शन ले छै भक्त बेहाल सखी -2
देखू अंचरी चढई मा के लाल सखी
दर्शन ले छै भक्त बेहाल सखी -2
भावना निपे नित मा के आंगन जो -2
शायमा मा के अंगना लगई पावन यो-2

31. विनती करी कल जोईर मईया शारदे

विनती करी कल जोईर मईया शारदे...
ज्ञान बिनु जीवन अन्हार ये -2
असरा लगा मईया शरण में अयलो
दिय ने ज्ञनक दान हे-2

अंतरा-2
अइच्छ बकलेल मा पुत्र आहा के..
जानई नई पूजा विधान हे-2
हे ममता मई.. छी आस लगोने
दिय ने ज्ञानक दान हे -2

अंतरा-2
जगमग जगमग करैत अईछ सगरो
डगर तइयो लागै अन्हार हे -2
आहा ज बुझबै त बुझतई के भावना
दिय ने ज्ञानक दान हे -2

32. मईया रानी हे धिरे धिरे होऊ ने सहाय

मईया रानी हे धिरे धिरे होऊ ने सहाय 2
होऊ ने सहाय मईया होऊ ने सहाय
मईया रानी हे धिरे धिरे होऊ ने सहाय 2

अंतरा
उईठ भोरहरिया मईया... फूल लोइढ लेलहू ... 2
गै के रे गोबर स अंगना निपेलहू
मईया रानी हे लाल बिनु घर आइ अनहार
मईया रानी हे धिरे धिरे होऊ ने सहाय

अंतरा 2
पटवा दोकान स मईया... चुनरी मंगेलउ...2
सोनरा के कही क मईया कंगना गढ़ेलहू ....
मईया रानी हे भावना के सुनियो ने पुकार
मईया रानी हे धिरे धिरे होऊ ने सहाय

33. श्याम रंग चुनरी रंगायब

श्याम रंग चुनरी रंगायब... हो रामा चैत महिनमां 2

अंतरा 1
लाल रंग लहंगा... पियर रंग चोलिया
2
पिया रंग रंगब सरिरिया हो रामा
चैत महिनमां 2
श्याम रंग चुनरी रंगायब... हो रामा
चैत महिनमां 2

अंतरा 2
झुमका झुलनिया... आ पहिरब कांगना...2
भावना बूईझ अवता मोरा सजना... हो रामा चैत महिनमां 2
श्याम रंग चुनरी रंगायब... हो रामा
चैत महिनमां 2

34. लागल अइ झूला मईया निमक छःह हे

लागल अइ झूला मईया निमक छःह हे 2
अबियो हे दुर्गा मईया... मिथिला के गाम मे 2
लागल अइ झूला मईया निमक छःह हे

अंतरा 1
स्वगत के थारी लेने.... आंगन छी ठार ये 2
अबियो हे मईया भक सिंह पर सवार हे
लागल अइ झूला मईया निमक छःह हे 2

अंतरा 2
बाजई छै बजना मईया .... गमकई छै गाम हे 2
भावना बूईझ ऐलकिन मईया... बेटी के द्वार हे
लागल अइ झूला मईया निमक छःह हे 2

35. चलू सखी सब मिल मईया के अंगना

चलू सखी सब मिल,,, मईया के अंगना
अंगना मे अडहुल गाछ हे
लाले लाले अडहुल लुबधल सौसे
ताहि ऊपर बजबै भवरा साज हे
अंगना मे अडहुल गाछ हे

अंतरा 1
कोने दिसा स ऐती..... मईया भवानी
कथि पर भ क असबार हे 2
अंगना मे अडहुल गाछ हे 2

अंतरा 2
दछीन पछीम स ऐती ......अम्बे भवानी
सिंह पर भ क असबार हे 2
अंगना मे अडहुल गाछ हे 2

अंतरा 3

गहबर साजल मां के ....झूला छै लागल
भावना बूझल मईया आजू हे...
अंगना मे अडहुल गाछ हे 2

36. लोढ़ी लोढ़ी फूल लाल लबीहे मलिनिया

लोढ़ी लोढ़ी फूल लाल लबीहे मलिनिया...2
दुर्गा के करबैन श्रृंगार हे
2

अंतरा
डोलिया चढ़ल मईया, लागई बरी सुनरी
सुनरी के बघबा कहार हे 2
दुर्गा के करबैन श्रृंगार हे 2

अंतरा-2
कंचन थारी, ल सांझ देखायब
भावना सुनैब भोर सांझ हे
दुर्गा के करबैन श्रृंगार हे
दुर्गा के करबैन श्रृंगार हे

37. लाले मइया दुर्गा के लाले रे सिंघासन.

लाले मइया दुर्गा के लाले रे सिंघासन..... लाले सोभै न यो लाले सोभै न
माँ के सोलहो श्रृंगार पिया लाले सोभै न यो लाले सोभै न

अंतरा - 1
जाऊ ने शहरिया पिया लैब लाले चूनरी
दर्शन करब संगे लागै मैया सुनरी - 2
लागै मैया सुनरी
लाले रंग टिकुली आ लाले रंग सिंदूर
लाले सोभै न यो लाले सोभै न
माँ के सोलहो श्रृंगार पिया लाले सोभै न यो लाले सोभै न

अंतरा - 2
महिमा महान मां के जानई छै जहान यो
आंचर पसारी मां स मंगब संतान यो 2
मंगब संतान यो मंगब संतान यो भावना शरण मे आएल ये भवानी
लाले सोभै न यो लाले सोभै न
माँ के सोलहो श्रृंगार पिया लाले सोभै न यो लाले सोभै न

38. सुनियो हे दुर्गा मैया विनती हमर ये

सुनियो हे दुर्गा मैया... विनती हमर ये
बेटी शरण में आयल... रखियो ने लाज हे
बेटी शरण में आयल... रखियो ने लाज हे
2

अंतरा 1
धुप गुगुल लेने आंगन छी ठार ये - 3
सुनियो हे दुर्गा मैया... विनती हमर ये
बेटी शरण में आयल... रखियो ने लाज हे

अंतरा - 2
लोढ़ल फूल अड़हुल... माला गुथैल हे -3
सुनियो हे दुर्गा मैया... विनती हमर ये
बेटी शरण में आयल... रखियो ने लाज हे

अंतरा 3
पुत्रक आश लागल। ... अंचार उदास हे - 3
सुनियो हे मैया रानी .. भावना हमर ये
बेटी शरण में आयल... रखियो ने लाज हे

39. सुनियो मईया हे सुनियो ने हमर पुकार

सुनियो मईया हे सुनियो ने हमर पुकार 2
हमर पुकार मईया हमर पुकार
सुनियो मईया हे सुनियो ने हमर पुकार 2

अंतरा 1
कर्मक मारल मईया.. भेलियई अभागल 2
अप्पन कहऽ जग मे..केहू नही आयल
करियो मईया हे करियो ने हमरो पर विचार
सुनियो मईया हे सुनियो ने हमर पुकार

अंतरा 2
सिनूरक लाज मईया... आही रखबैया 2
आहा जऽ सुनबै नै... के सुनबैया
सुनियो मईया हे भावना के सुनियो ने पूकार
मईया रानी हे हमरो पर होइयो न सहाई

40. कतेक एबेर करब हे छठी मइया

कतेक एबेर करब हे छठी मइया
ऐलौ शरण दुःख कहलो नै जाइया

अंतरा 1
कियो नै आहा बिनु जग मे हम्मर
आहा स ने करवई आश करबई कक्कर
बाझिन कहैया सब हे छठी मईया
ऐलौ शरण दुःख कहलो नै जाइया

अंतरा 2
जल बिच ठार भेलौ..बैन पबनैती
लालक छठी मइया पुरेथीन
भावना शरण आयल हे छठी मईया
ऐलौ शरण दुःख कहलो नै जाइया

41. हे छठी मईया हे राणा मईया

हे छठी मईया.. हे राणा मईया
बैसल सजवने छी हम
आबू मोर अंगना..
बैसल सजवने छी हम
आबू मोर अंगना..

अंतरा 1
करब उपास हम्हू... बैन पबनैतीन
जल बिच ठार हेबई... छठी मइया आयथिन
मांगब नै मांगना कोनो
दिय एगो ललना
बैसल सजवने छी हम
आबू मोर अंगना..

अंतरा 2
केरा घऊर नारियल लक.. अरघ उठेबै
दूधक धार हम ... आहा के चढ़ेबई
2
आहा ज ने बुझबई 2
बुझतई के भावना
बैसल सजवने छी हम
आबू मोर अंगना..

42. काचहीं बास के बहंगिया घाट दियो पहुचाई

काचहीं बास के बहंगिया... घाट दियो पहुचाई
पहिर पटोर नव कनिया... चलली अरघ उठाई

अंतरा 1
सूप कनसुप जोड़े घाट पर राखल
चमकै पिठार देखू सिंदूर लागल
2
नारियल जे जोड़े जोड़े लेलऊ
छठी मइया एथिन आई
पहिर पटोर नव कनिया... चलली अरघ उठाई

अंतरा 2
कल जोड़ी जल मे हेबै ठार हमहू
दुधक धार चढ़ेबई हमहु
2
आरघ लेने ठार अई भावना
छठी मइया एथिन आई
पहिर पटोर नव कनिया... चलली अरघ उठाई

43. पहिल पहिल बेर केनू

पहिल पहिल बेर केनू
छठी मईया बरत तोहर...
नै जानी विधि आ विधान
मईया करू ने उद्धार

केरवा जे फरैया घवध सs.. सुगा देलक जुठियाई
मरबो रे सुगबा धनुष सs.. सूगा जेतै मुरझाई
सुगनी जे कानैया बियोग सs.. आदित होऊ नs सहाई

मुखरा-1
सूप कनसूप संगे,अरघ लकs आयब
बजबायब बजना -2
छठी मईया दिय एगो ललना बजबायब बजान -2
छठी मईया दिय एगो ललना बजबायब बजान -2

अंतर-1
जोरे जोरे कोसिया,भरब साले साल हे छठी मैया
सुंदर ललन सs आंचर भैर जहिया देबै छठी मैया
अंगना पोखर खोनेबई, तोरा घर मे बजेबई

सोनम सुराही गंगाजल, चरण पखाराब, मा पुराबू सपना
छठी मईया दिय एगो ललना बजबायब बजान -2
छठी मईया दिय एगो ललना बजबायब बजान -2

केरवा जे फरैया घवाध स.. सुगा देलक जुठियाई
मरबो रे सुगबा धनुष स.. सूग गिरे मुरझाई
सुगनी जे कानैया बियोग स.. आदित होऊ न सहाई

44. हरब दुःख अही हे छठी मईया

मुखड़ा
हरब दुःख अही हे छठी मईया
दिय ने दर्शन आब हे छठी मईया
दिय दर्शन आब हे राणा मईया 2
हरब दुःख अही हे छठी मईया 2

अंतरा 1
अरघ उठेलउ हम हे छठी मईया
2
केरा घउर नारियल जोड़े लेलो मईया
2
जोड़े लेलो मईया
कहब दुःख ककरा हे छठी मईया
हरब दुःख अहीं हे छठी मईया
हरब दुःख अहीं हे छठी मईया

अंतरा 2
जल बिच ठार भेलो हे छठी मईया
2
सुनू ने पुकार आब हे छठी मईया
2
हे छठी मईया

सहलो दुःख जाईय ने हे छठी मईया

अंतरा 3
देवो सब गुण अहीं के गाबैया
2
महिमा महान जग भरी ई जनैया
2
जग भरी ई जनैया
बुझब ज ने आहा भावना के बुझतै
हरब ज ने आहा कहू दुःख के हरतई

45. सतोरे रे घोरवा पर ऐथिन

मुखड़ा
सतोरे रे घोरवा पर ऐथिन
दिनकर भsकs सवार
कॉचही बांस के बहंगिया
घाट लिय ने सजाई

अंतरा 1
पटना के घाट आजू साजल
साजल भरी सनसार 2
पहिर पटोर नव कनिया...
चलली हथिया उठाई

अंतरा 2
नारियल जे जोड़े जोड़े लेलऊ
छठी मइया एथिन आई
सूप कनसुप जोड़े राखल
लागल सिंदूर पीठार 2

अंतरा 3
जल बिच ठार छठी मईया
हेबई अरघ उठाई 2
केरा घउर नरियल लक
लेबई भावना सुनाई
छठी मईया ऐथिन आई

46. ऊगू उगू सुरुज देव भेलई भिनसर यो

मुखड़ा
ऊगू उगू सुरुज देव भेलई भिनसर यो
अरघ केर बेर यो ना 2
जल बिच ठार कल जोड़ने छी
दर्शन के बेर भेलई यो 2

अंतरा 1
सिहकई पवनो ऊईठ, एक भोरहरिया
सब देवता ऐला, आहा के दूअरिया
2
जोड़े जोड़े नारियल लेलौ भिनसर यो
अरघ केर बेर यो ना 2
जल बिच ठार कल जोड़ने छी
दर्शन के बेर भेलई यो 2

अंतरा 2
हिलैत डोलैत केरा पात दोगे आयब
घोड़ाबा चढ़ल सात दर्शन हम पायब
2
डुबल भक्ति भावना में सब भिनसर यो
अरघ केर बेर यो ना 2
जल बिच ठार कल जोड़ने छी

दर्शन के बेर भेलई यो 2

47. सिया सुकमारी प्यारी

सिया सुकमारी प्यारी....
सखी सांग एली फूलबाली...
कि आ हो रामा
रघुवर के नयना हुनका भावल हो राम
कि आ हो रामा

अंतरा
गौरी पूजन के बेरिया...
कानी कानी सोचाई धिया...
कि आ हो रामा
धनुष तोरब के प्रन बरा भारी हो ram
कि आहो रामा
रघुवर के नयना हुनका भावल हो राम
कि आ हो रामा

अंतरा
राजा जनक के दुलारी...
आब bhelai पिया के ओ प्यारी....
कि आ हो रामा
भावना बुझल pahun मोरा हो ram
कि आहों रामा
कि आ हो रामा
रघुवर के नयना हुनका भावल हो राम

48. नैना मे सादिखन बसा क तू राखै

नैना मे सादिखन बसा क तू राखै
अंचार के झूला बना क झुलेलै
छाती मे तोहर छो अमृत भरल
मां अमृत भरल
मां हे गे मां मां हमर मां

अंतरा
नजर गुजैर स तू सदिखन बचाबै
काजर ल टिका तू हमरा लगाबै
2
खोपा मे फीता तू हमरा लगाते तू हमरा लगादे
मां हे गे मां मां हमर मां

अंतरा -2
खिस्सा सुनाक... कोरा में घूमाबै
छाती लागा क .... हमरा सुताबै
हमरे मे छऊ तोहर भावना बसल मां भावना बसल
मां हे गे मां मां हमर मां

49. आजू मिथिला नगरिया नेहाल भेलई

आजू मिथिला नगरिया नेहाल भेलई
आजू मिथिला नगरिया नेहाल भेलई
बैन पाहुन हमर श्री राम ऐला 2
आजू मिथिला नगरिया नेहाल भेलई
आजू मिथिला नगरिया नेहाल भेलई

अंतरा 1
थार सजाबू...दीप जराबू
दीप जराबू हे दीप जराबू
थार सजाबू दीप जराबू
चंपा चमेली के माला बनाबू
रूप देख लै सब केउ बेहाल भेला
रूप देख लै सब केउ बेहाल भेला
आजू मिथिला नगरिया नेहाल भेलई
आजू मिथिला नगरिया नेहाल भेलई

अंतरा 2

छलई मनोरथ... पुरन भेल आजू

पुरन भेल आजू हे पुरन भेल आजू
छलई मनोरथ... पुरन भेल आजू
नज़र नै लागे कारी... टिका लगाबू
देख मोनक भावना नेहाल भेलई
देख मोनक भावना नेहाल भेलई
आजू मिथिला नगरिया नेहाल भेलई
आजू मिथिला नगरिया नेहाल भेलई

50. स्वर्गक दोसर नाम छियई

स्वर्गक दोसर नाम छियई
नाम ई मिथिला धाम छियई...-2
ई सिया धिया के गाम छिये
जत्ता पहुना श्री राम छिये...
स्वर्गक दोसर - ह ह ह
स्वर्गक दोसर नाम छियई
नाम ई मिथिला धाम छियई...-2

अंतरा-1
ई जनक पूर राजा जनकक
नाम ई मिथिला धाम chhiyi
पग पग पान मखान chhiyi
अत्त बहई कमला बलान chhiyi
तिलकोरक तरूआ भोजन मे
सजल माछ रसदार chhiyi
स्वर्गक दोसर नाम छियई
नाम ई मिथिला धाम छियई
ई सिया धिया के गाम छिये
जत्ता पहुना श्री राम छिये...
स्वर्गक दोसर - ह ह ह
स्वर्गक दोसर नाम छियई

अंतरा -2

निपल अंगना तुलसी चौरा
सजल घर चिनबार भेटत
सोभा बढ़ा रहल दलान पर
देख के इनार भेटत
लिखल भावना मोनक अप्पन
प्रज्ञा प्रिशा गाबई छियई
स्वर्गक दोसर नाम छियई
नाम ई मिथिला धाम छियई
ई सिया धिया के गाम छिये
जत्ता पहुना श्री राम छिये...
स्वर्गक दोसर - ह ह ह
स्वर्गक दोसर नाम छियई

51. हम धिया पुता छी गामक

हम धिया पुता छी गामक
गाम मिथिला धाम यो
हम रहब कोना ई शहर में
छोइर सिया राम यो
2

अंतरा-1
ओत्ता कागो कुशल सुनाबाई छै
सुगा से वेद उचारई छै -2
झूला पर बैसिक कान्हा मुरली बजाबै छै
हम सीस कोना क झुकाबू -2
गाम मिथिला धाम यो
हम रहब कोना ई शहर में
छोड़ि सिया राम यो
हम धिया पुता छी गामक
गाम मिथिला धाम यो

अंतरा-2
मा लक्ष्मी आंगन बिराजई छै
संध्या रानी संग गाबई छै
भावना अप्पन मोनक सबके सुनाबई छै
कहई प्रज्ञा आ प्रिशा..2
गाम मिथिला धाम यो
हम रहब कोना ई शहर में

छोईर सिया राम यो
हम धीया पुता छी गामक
गाम मिथिला धाम यो

52. उगना के धाम छै, पहुना श्री राम छै

उगना के धाम छै
पहुना श्री राम छै 2
स्वर्गो स सुंदर अपन मिथिला गाम छै 2

Antra 2
देख लै भेटत कोशी कमला बलान यो
बोझक बोझ धान राखल दलान यो
2
जनकक गाम छै
पहुना श्री राम छै
स्वर्गो स सुंदर अपन मिथिला गाम छै 2

अंतरा 2
बैसल दलान सुग्गा पढ़ाई बेद पुरान यो
विद्यापति के लिखल करै बखान यो
2
भावना समान छै
किनको नै आन छै
स्वर्गो स सुंदर अपन मिथिला गाम छै 2
उगना के धाम छै
पहुना श्री राम छै 2
स्वर्गो स सुंदर अपन मिथिला गाम छै 2

53. हमर बलम जी के, केस नामी नामी

हमर बलम जी के, केस नामी नामी
जुलुम करे न 2
हा जुलुम करे न
ताहिपर फेस चॉकलेटिया
जुलुम करे न 2

अंतरा 1
हमरो बलम जी के बरी बरी अखिया
चश्मा लगोने ताके तिरछी नजरिया
हा तिरछी नजरिया
सुरमा लगोने, लागै करलुठबा
जुलुम करे न
हा जुलुम करे न
ताहिपर फेस चॉकलेटिया
जुलुम करे न 2

अंतरा 2
हमर बलम जी के पातर छितर ठोर छै
पान दबेने गाल मिठगर बोल छै
हा मिठगर बोल छै
भावना सजवने बैसल.
मोनक अंगना

जुलुम करे न
हा जुलुम करे न
ताहिपर फेस चॉकलेटिया
जुलुम करे न 2

54. सावन सुहावन लागैया

सावन सुहावन लागैया
बड़ मन भावन लागैया
बम बम बम मेघो गरजै छै
रिम झिम रिम झिम बरसैया
भोला में मगन भेलै
डम डम डम डम डमरू बाजै
छम छम कांवरिया नाचई ना

Antra 1
देवघर मे बैसल बूढ़ा
बसहा सवार हेतै
भूत परेत इमहर
उमहर करैत हेतै
बाबा के बट्टी छूयई भांग में
सब केउ पिबैत चलु यो
दर्शन लै नैना तरसै
डम डम डम डम डमरू बाजै
छम छम कांवरिया नाचई ना

अंतरा 2
भोला भांगिया के महिमा
सब केउ जानै या
देवो के देव बाबा
सब केउ पूजैया

कन्हा पर कांवर उठेलौ बाबा...
बैन क कावरिया एलौ यो
भावना छल मोनक सुनेलऊ ऐलयू...
आहा के दुआरिया बाबा यो
डम डम डम डम डमरू बाजै
छम छम कांवरिया नाचई ना

55. पिया बिनु

पिया बिनु मिसियो ने बदरा ई भाबै 2
मेघो गरैज रही रही खहुजाबै 2
पिया बिनु मिसियो ने बदरा ई भाबै 2
पिया बिनु मिसियो

अंतरा 1
खन इमहर खन उमहर गरजई 2
झीहिर झीहिर बरखा बड झरकई 2
पवन निर्मोहिय
पवन निर्मोहिय अंचर उराबै
पिया बिनु मिसियो ने बदरा ई भाबै

अंतरा 2
खन सेजीय खन तन के डाहैया 2
रैत इजोरियो ने कनियो सोहाइया 2
नैना मे सजना
नैना मे सजना निंदिया नै आबै
पिया बिनु मिसियो ने बदरा ई भाबै

अंतरा 2
कि फागुन कि सावन होई छै 2
पावन कोनो नै आंगन आबै छै 2
के बुझतै ई
के बुझतै ई आहा बिनु भावना

भावना मिश्र

पिया बिनु मिसियो ने बदरा ई भाबै

56. मन मोहिनी - दिल चोरनी

मुखड़ा

M

मन मोहिनी - दिल चोरनी
मन मोहिनी - दिल चोरनी
सुनु नै - सुनु नै
लगो त आबू कनी
एना नै लगाबू धनी

F

रंग रसिया - हे यो पिया
लाज लागै - लागैया
धक धक धरकै जिया
एना नै सताबू पिया

अंतरा 1

M

निंदिया बिंदिया में - चैन नैना में
चित के चोरी क गेलौं कोना
निंदिया बिंदिया में चैन नैना में
चित के चोरी क गेलौं कोना

F

कोना कहू बात निंदिया बिंदिया के
बस मे ने ई आब रहल हम्मर

M

खसल गगन स लागई

चंदक टुकड़ा जेहन

F

रंग रसिया - हे यो पिया

लाज लागै - लागैया

धक धक धरकै जिया

एना नै सताबू पिया

M

लगो त आबू कनी

एना नै लगाबू धनी

57. आश लगा बैसल छी

आश लगा बैसल छी पनीघट
आजू पिया मोरा अवता
2
आब नै छोरब... लेब अंचर स नुका
जऽ पिया मोरा अवता
आश लगा बैसल छी पनीघट
आजू पिया मोरा अवता

अंतरा 1
बितै कोना दिन रैत भारी..
आहां बिनु कान्हा
2
असगर आंगन
असगर आंगन झाम परल
जऽ बंशी बजबिता
आब नै छोरब... लेब अंचर स नुका
जऽ पिया मोरा अवता

अंतरा 2
चारक दोगे रही रही खहूजाबे चांद
चकोर संग आबे
2
देख देख मोन
देख देख मोन दगध होइया

जऽ श्याम संग रहिता
आब नै छोरब... लेब अंचर स नुका
जऽ पिया मोरा अवता

58. रहब कोना क बाजू यो भोला

रहब कोना क बाजू यो भोला
रहब कोना क यो 2
टूटल मरैया मे कटत कोना दिन
रहब कोना क यो
रहब कोना क बाजू यो भोला
रहब कोना क यो 2

अंतरा 1
चाकरी ने करब हम आहा के सुनू
द आबू नैहर हमर बात मानू
2
खान बसहा खन सापो डेराबै
रहब कोना क यो
टूटल मरैया मे कटत कोना दिन
रहब कोना क यो

अंतरा 2
करब नै खेती की खेबै महादेव
मेंग चैग कत्ते दिन पेबई महादेव
2
ताहिपर चाही नित भांगक गोला रहबाई कोना क यो
टूटल मरैया मे कटत कोना दिन

रहब कोना क यो

अंतरा 2
सबहक बारी मे साग हरियर छै
अप्पन बारी में भांग भरल छै
2
सबहक भावना छन्न मे बुझलियई
अपने कि केलियई यो
टूटल मरैया मे कटत कोना दिन
रहब कोना क यो

59. भोला भंगिया यो आब नै पिसब भाँग तोर

भोला भंगिया यो आब नै पिसब भाँग तोर 2
जेबई नैहर हम रहब नै आब तोर टोल
भोला भंगिया यो आब नै पिसब भाँग तोर

अंतरा -1
अंगना में बान्हल बसहा
निको ने लगै
रही रही गहुमन फूफ
कारो कटई
भोला भांगिया यो भुतबा
करैया बड़ शोर
भोला भंगिया यो
आब नै पिसब भाँग तोर

अंतरा 2
सब ले कहाबई छी
औढर दानी
कनिको ने दाना घर मे
लाबई छी मेंग
भोला भंगिया यो
आब नै पिसब भाँग तोर

60. भटकी रहल छी रने बॉने

भटकी रहल छी रने बॉने
भटकी रहल छी भोला रने बॉने
झर झर झहरैया नोर...
यो बाबा कखन हरब दुःख मोर
2

अंतरा 1
दुःख के रे मोटरी लs....
दुनिया में ऐलौ...
सुख सपनो नै....
नयना मे देलौ....
2
अही के पुजलौ
अही के सेबलौ
अही के पुजलौ
अही के सेबलौ तईयो
विपत्ति परल घनघोर
महादेव कखन हरब दुःख मोर

अंतरा 2
खोलू ने नयन हेयो....
औढर दानी...
देवो के देव आहा...
कहबी मसानी

2

फूल बेल पत्र गंगा
जल बोईझ लेलो
फूल बेल पत्र गंगा
जल बोईझ लेलो
बुझत के भावना मोर
महादेव कखन हरब दुःख मोर

61. मिले गर तुम्हारा साथ सजन रे

मुखड़ा

F

मिले गर तुम्हारा साथ सजन रे

नाम लिखऊ दिल पे होके मगन रे

M

मिठगर बोली ऐना बजबै ये सजनी

आहा बिन कहू कोना रहबई ये सजनी

F

रखलू छुपाके नैन में पिया रे

M

जऽ बदरा हम बैन जायब

आहा बरखा बैन क आयब

जऽ सांस हमर कम परतै

आहा हम्मर दिल में समायब

F

छम छम जेना सावन के

बूंदो आहां बरसायब

जऽ सांस हमर कम परतै

आहां हम्मर दिल में समायब

अंतरा 1

F

राधा बनके दिल तुझको पुकारे
रोग लगया कैसा श्याम पिया रे
M
छन्नन छन्नन छन्न करै बड़ शोर ये
दिल धरकाबै सजनी पायलक बोर ये
F
भावना मगन देख आहा के सजन
M
जऽ बदरा हम बैन जायब
आहा बरखा बैन क आयब
जऽ सांस हमर कम परतै
आहा हम्मर दिल में समायब
F
छम छम जेना सावन के
बूंदो आहां बरसायब
जऽ सांस हमर कम परतै
आहां हम्मर दिल में समायब

62. बाबा कत्त सुतल छी

बाबा कत्त सुतल छी यो 2
भटेकी रहल छी रने बॉन 2
किया नै तकै छी यो
बाबा कत्त सुतल छी यो 2

अंतरा 1
फूलो लोढ़ब. जलो लायब. बशहो देव चराई
यो बाबा
फूलो लोढ़ब. जलो लायब. बशहो देव चराई
चाकर जऽ हमरा बनायब 2
पायब हम बड़ सुख
बाबा कत्त सुतल छी यो 2

अंतरा 2
वर्थ जीवन ई बित रहल अई
कि करबै धन धान
यो बाबा
वर्थ जीवन ई बित रहल अई
कि करबै धन धान
भावना सदिखन राह तकैया 2
गाबैया गुण गान
बाबा कत्त सुतल छी यो 2

63. सब बैहना बैठी है थाली सजा

सब बैहना बैठी है थाली सजा
लेजा लेजा खबर चंदा तू लेजा
2
मेरे भईया बसे रे सहरिया
बेहना बैठी सजा के दुअरियां
सब बैहना बैठी है थाली सजा
लेजा लेजा खबर चंदा तू लेजा

F
हे गे बहिन हमर हम एबो जरूर
प्ररदेश हेतई चाहे कतबो दूर
हे गे बहिन हमर हम एबो जरूर

अंतरा 1
आई अंगना हमर बड़ साजल हेतै
बहिन थारी सजा क बैसल हेतै
अवता भईया त रुसबई हम
बैसल मोने मोन बिचारैत हेतै
बिचारैत हेतै
हे गे बहिन हमर हम एबो जरूर
प्ररदेश हेतई चाहे कतबो दूर

अंतरा 2

बंधवा लो रखी कलाई भईया
आजा तुझको खिलाऊ मिठाई भईया
भाई बहन का प्यार है ये
भावना को रखना सम्हाल भईया
सम्हाल भईया
आरती सजाऊ मै तेरे लिए
खुश रहना हमेशा भईया मेरे
सब बैहना बैठी है थाली सजा
लेजा लेजा खबर चंदा तू लेजा

64. जाक परदेश यो भैया

जाक परदेश यो भैया 2
बिसरब नै छोटकी बहिन के
जाक परदेश यो भैया 2
बिसरब नै छोटकी बहिन के
बाट हम ताकब यो भईया
बिसरब नै छोटकी बहिन के
जाक परदेश यो भैया
बिसरब नै छोटकी बहिन के

अंतरा 1
राखी आयत त,
आबि जायब भैया यो
बान्हब राखी अही के
यो भैया यो
बान्हत राखी बहिन यो
2
कहू मोन रहत कि नै यो
3
बिसरब नै छोटकी बहिन के
जाके परदेश यो भैया 2
बिसरब नै छोटकी बहिन के

अंतरा 2
निपल आंगन अहिपन देलौ
पीढ़ी लेलऊ सजा
यो भइया यो
आरती लेलौ सजा
2
रखी सजा क यो भईया
राखी सजा हाथ आहा के बान्हब
2
बुझब कनियो आहा भावना
जाके परदेश यो भैया 2
बिसरब नै छोटकी बहिन के

65. पगली बतहिया बैन कऽ राधा

पगली बतहिया बैन कऽ राधा 2
घुमई नगर चाहु ओर कन्हैया
बनू नै एतेक कठोर
कन्हैया बनू नै एतेक कठोर

अंतरा 1
हमरो सिहेता होईया कखनो नैन में सुइखतई नोर
2
अपनो छःह के नैना सदिखन
छःह कहैया तोर
2
कान लगउने सदिखन बैसल 2
आब करत ओ शोर कन्हैया
बनू नै एतेक कठोर
कन्हैया बनू नै एतेक कठोर

अंतरा 2
मोल कि लेबै प्रेम के छलिया
ई त छई अनमोल
2

मोन में बैसल भावना सदिखन
जपई माला तोर
आब नै कहबई श्याम आहा के 2
आहा छी पिया बर गोर कन्हैया
बनू नै एतेक कठोर
कन्हैया बनू नै एतेक कठोर

66. पावैन करबै जितिया के

पावैन करबै जितिया के हमसब
महिमा बर भारी हिनकर छैन
गुण गान करु सखी सब मिलके
महिमा बर भारी हिनकर छैन

अंतरा 1

आसिन कृष्ण अष्टमी तिथि के
हमसब जूतूवाहन देवता के
निर्जला संतान लेल उपास करे छी

अंतरा 2
सखी तेल खेड़ हिनका चढैन
माछ मरूआ से शुरू होई छैन
हम भक्ति भावना से पूजबैन
महिमा बर भारी हिनकर छैन

ई त पावैन तीन दिनक जितिया
औठन करता बउआ भोरहरिया
2
कथा सुनैत पबनैतीन सब
महिमा बर भारी सुनलौ हम

67. आहा ऐना पियेलौ नजर सऽ गोरी

आहा ऐना पियेलौ नजर सऽ गोरी
जिंदगी ई हमर त नशा बैन गेलै
2
प्रेम भेलै आहा स कि भेलै नशा
जिंदगी ई हमर कि सऽ कि बैन गेलै

अंतरा 1
नैन नागिन सन लगई नशा सa भरल
रुप दिखते कतेको बेहोसे परल
2
बोली लिठगर आहा के कोयल सन गोरी 2
जिंदगी ई हमर त नशा भ गेलै

अंतरा 2
जादू टोना जनई छी कोनो त आहा
रोग देलौ जे आहा हम जेबई कहा
2

68. रैत पूर्णिमा के चम चम इजोरिया मे

रैत पूर्णिमा के चम चम इजोरिया मे
घुमई छै सब खेने पान
कि लगई छै मिथिला आई स्वर्गों समान
कोजगरा मिथिला के पावैन महान

अंतरा 1
निपल अंगना अरिपन सजैया
ताहि ऊपर पातील मे दीप जरैया
2
भईया के सार डुन्नू....खेलै पचीसी
पुछियौ ने बहीन के नाम
कोजगरा मिथिला के पावैन महान
लगई छै मिथिला आई स्वर्गों समान

अंतरा 2
बैसल दलान कक्का बन्हने मुरेठा
बाटैथ मखान देखू भरी भरी छीटा
2
मोछ पर सान छैन... भावना के गान छैन
ठोर पर मीठ मुस्कान
कोजगरा मिथिला के पावैन महान
लगई छै मिथिला आई स्वर्गों समान

69. भरदुतिया मोन राखब यो भइया

भरदुतिया मोन राखब यो भइया
आहा गाम चली आयब 2
गाम चली आयब भइया
गाम चली आयब
छोटकी बहिन मोन राखब यो भइया
आहा गाम चली आयब

अंतरा 1
राखल मटकुरी मे अकुरी आ पान ओहिना...
2
बर गुण गबितौ हम... अबीतौ ज आहा कहुना...
राखल मटकुरी आई ओहिना
बर गुण गबितौ अबीतौ ज कहुना...
लायब ने कोनो सनेश यो भईया आहा
गाम चली आयब
भरदुतिया मोन राखब यो भइया
आहा गाम चली आयब

अंतरा 2
बैसल अंगना मे ..रहिया निघरई छी हम 2

अवता ज भइया रूसबई मोन मोन बिचारई छी हम

बैसल रहिया निघरई छी हम...
रूसबई आजू बिचारई छी हम...
भावना सजवने छी बैसल यो भइया आहा
गाम चली आयब
भरदुतिया मोन राखब यो भइया
आहा गाम चली आयब

70. भोरही मे देखलौ एगो सपना

भोरही मे देखलौ एगो सपना
काली ऐली अंगना
2
मइया काली ऐली अंगना 2
रूपो छैन अद्भुत लाले नैना
काली ऐली अंगना
भोरही मे देखलौ एगो सपना
काली ऐली अंगना

अंतरा 1
छोट छिन गहबर छलई
अंगना बर चमकै छलई
2
अरहुल के
अरहुल सोभइ छल जेना गहना
काली ऐली अंगना
रूपो छैन अद्भुत लाले नैना
काली ऐली अंगना

अंतरा 2
गर्दन मे माला मुण्डक

हाथ मे बाटी खुनक

2

सबहक

सबहक बुझै छइथ मइया भावना
काली ऐली अंगना
रूपो छैन अद्भुत लाले नैना
काली ऐली अंगना

71. अई गुमान हमरा मिथिला अइ गाम

अई गुमान हमरा मिथिला अइ गाम
पाहुन श्री राम हमर 2
पाहुन हमर, श्री राम रघुबर
श्री राम रघुबर छैथ पाहुन हमर
अइछ जनकपुर मे
अइछ जनकपुर मे बहिनक गाम
पाहुन श्री राम हमर
अई गुमान हमरा मिथिला अइ गाम
पाहुन श्री राम हमर 2

अंतरा 1
नित भोरहरिया सुनब पराती
बुढ़िया दादी बैसल गेती
2
तुलसी चौरा अंगने अंगने
गायक गोबर निपल बिन लगने
बोल मिठगर बर
बोल मिठगर सबहक मूख पान
पाहुन श्री राम हमर
अई गुमान हमरा मिथिला अइ गाम
पाहुन श्री राम हमर 2

अंतरा 2
काग कुचैर क कुशल सुनाबई
सुग्गा सेहो वेद उचारई
2
भोजन मे तरुआ
रहू के सौसे साजै
हे अत भावना
अत भावना सबहक समान
पाहुन श्री राम हमर
अई गुमान हमरा मिथिला अइ गाम
पाहुन श्री राम हमर 2

72. चलू खेलब भौजी अंगना

मुखड़ा

सामा लेलौ डाली मे सजाई
चलू खेलब भौजी अंगना
भौजी अंगना चलू भौजी अंगना
रूसल भौजी लेबैन मनाई
चलू खेलब भौजी अंगना

अंतरा 1

रची रची मैटक सामा बनेलौ
करिखा लगा चुगला के सजेलोऊ
रची रची मैटक सामा बनेलौ
करिखा लगा चुगला के सजेलोऊ
मूंह चुगला के झरकायब
चलू खेलब भौजी अंगना
सामा लेलौ डाली मे सजाई
चलू खेलब भौजी अंगना

अंतरा 2

डाली फेर फेर गीतो गेबई
वृंदावन मे आईग लगेबई
डाली फेर फेर गीतो गेबई
वृंदावन मे आईग लगेबई
भावना सजा ल जेबई
चलू खेलब भौजी अंगना

सामा लेलौ डाली मे सजाई
चलू खेलब भौजी अंगना

73. बर जादू जनई या नैना आहा के

मुखड़ा
बर जादू जनई या नैना आहा के
छन्न मे केलौ चोरी मुखड़ा देखा
गढ़नै नई हेथिन आहा सन दोबारा
बर फुरसत स गढ़ला विधाता आहा के
नैना ताकईया सदिखन आहा के रहिया
डोली लक आयब कहू पिया कहिया

अंतरा 1
चूड़ी कंगना हमर बड़ खनकैया यो
ई त रही रही क आहा के बजबैया यो
याद आहाँ आबै छी त सिहकै पवन
ई त रही रही क हमरा सतबैया यो
सतबैया यो
नैना ताकई सदिखन आहा के रहिया
डोली लक आयब कहू पिया कहिया
बर जादू जनई या नैना आहा के
छन्न मे केलौ चोरी मुखड़ा देखा केनै

अंतरा 2
घोघ हटबू ने आहा ऐना सजनी
देख चांदनी जायत लजा सजनी

बोली मिठगर ऐना जेना मिसरी घोरल
भाव भावन मे सदिखन रहई छी डुबल
हम रहई छी डुबल
नैना ताकई सदिखन आहा के रहिया
डोली लक आयब कहू पिया कहिया
बर जादू जनई या नैना आहा के
छन मे केलौ चोरी मुखड़ा देखा केनै

74. सब बहिना मिल खेलै छलियई

सब बहिना मिल खेलै छलियई
भौजी आंगन मिल जूईल कऽ कोना
जा रहली सामा बहिन
घर आंगन के सून कऽ
2

अंतरा 1
गौर मिलु सब नोर पोछु
पौती लिय ने सजाई हे जेती
कोना क सासुर सामा
करु कोना क विदाई हे
कोना जा रहली सामा बहिन
घर आंगन के सून क

अंतरा 2
टोल परोसक दाई बजाबू
गीत दियो ना उठाई हे छनू
भावना सजा रखने गे बहिना
करु कोना क विदाई हे

75. घोड़बा चढ़ल चारु दूल्हा ऐला

घोड़बा चढ़ल चारु दूल्हा ऐला...
करियो ने परिछन आई हे
आरती देखा नैना काजर लगाबियो
दियो ने हिनका सजाई हे

अंतरा 1
नाक पकरियो पानक पात ल
लियो ने करा उठ बैस ये
2
पुछियो ने नाम बाप दादा के सब मिल
करियो ने परिछन आई हे
घोड़बा चढ़ल चारु दूल्हा ऐला...
करियो ने परिछन आई हे

अंतरा 2
लाबू चंगेरा ठौक बौक देखबियोन
दियो ने हिनका चिनाई हे
2
दियो ने गैर हिनका बहिन के सब मिल
करियो ने परिछन आई हे
घोड़बा चढ़ल चारु दूल्हा ऐला...
करियो ने परिछन आई हे

अंतरा 3
डेग बढ़ाबू दूल्हा आंगन मे आबू
धन्य भेनौ आहा आजू हे
2
बैसल सजा सब भावना यो पहुना
करियो ने परिछन आई हे
घोड़बा चढ़ल चारु दूल्हा ऐला...
करियो ने परिछन आई हे

76. छलीयई दुलारु मां बाबू के

छलीयई दुलारु मां बाबू के 2
दूर कोना रही पेतई
मां गे तोरा सन आन के हेतई
गे मां हे मां गे तोरा सन आन के हेतई

अंतरा 1
बचपन बितल... अप्पन छुटल...
संगी सहेली... नाता टुटल
चुटकी भरी लाल मांग लगा क ..2
दोसर जन्म दियाबै...
सिनुरवा जेकरा चाहें अप्पन बानाबई 2

अंतरा 2
यैह सिंदूर मां.... बाबू छोरौलक
नैहर सारूर के नाता जोरलक
2
भावना सजा रखने जे छलियई...2
सपना मे ललचाबाई
सिनुरवा जेकरा चाहें अप्पन बानाबई

77. आजू मिथिला नगरिया नेहाल भेलई

आजू मिथिला नगरिया नेहाल भेलई
आजू मिथिला नगरिया नेहाल भेलई
बैन पाहुन हमर श्री राम ऐला 2
आजू मिथिला नगरिया नेहाल भेलई
आजू मिथिला नगरिया नेहाल भेलई

अंतरा 1
थार सजाबू...दीप जराबू
दीप जराबू हे दीप जराबू
थार सजाबू दीप जराबू
चंपा चमेली के माला बनाबू
रूप देख लै सब केउ बेहाल भेला
रूप देख लै सब केउ बेहाल भेला
आजू मिथिला नगरिया नेहाल भेलई
आजू मिथिला नगरिया नेहाल भेलई

अंतरा 2
छलई मनोरथ... पुरन भेल आजू
पुरन भेल आजू हे पुरन भेल आजू
छलई मनोरथ... पुरन भेल आजू
नज़र नै लागे कारी... टिका लगाबू
देख मोनक भावना नेहाल भेलई

देख मोनक भावना नेहाल भेलई
आजू मिथिला नगरिया नेहाल भेलई
आजू मिथिला नगरिया नेहाल भेलई

78. सोन सनक अइछ रूप ये सजनी

सोन सनक अइछ रूप ये सजनी नयना मछक जाल
लाली भरल अइछ ठोर मे सजनी....
रस स भरल अइछ गाल....

मुखरा 1
केस कजरा सजल
माथ कुमकुम भरल
नैन काजल गढल
नाक तामस चढ़ल
छनन छनन पैरक पैजनियां सोभे डारक डरकस
देख भेलऊ मालामाल ये सजनी
रस स भरल अईछ गाल

अंतरा 2
रोग केहन देलउ
हम दिवाना भेलउ
चित चोरी भेलै
भावना कि केलउ
पसरी गेल अईछ रस ई प्रेमक खिलल नेहक फूल
नागिन सन अईछ चाल ये सजनी
रस स भरल अईछ गाल......

79. पहिर लाल साड़ी लाले लाल

पहिर लाल साड़ी लाले लाल lagai छी...
रही रही क नैना कटार मारै छी
लट छिरयोने कमाल लगे छी

अंतरा
देखूं कोना झुलैया kanak बाली....
बर निक लागे गोरी गालक लाली-२
नाक पर तामस. बेहाल लागै छी
रही रही क नैना कटार मारै छी
पहिर लाल साड़ी लाले लाल lagai छी...
लट छिरयोने कमाल लगे छी

अंतरा 2
रस स भरल aichh रानी पोरे por ye
झटईक मटैक चली लागै छी बेजोड़ ये
दात तर अंचर इन्होर करै छी
रही रही क नैना कटार मारै छी
पहिर लाल साड़ी लाले लाल lagai छी...
लट छिरयोने कमाल लगे छी

80. पिया परदेसी bhelou

नेहक फूल खिलाक किया छोडी delou
Piya परदेसी bhelou......
बोन सन लागे घर आंगन...
पिया परदेसी bhelou...

Aahi par aasha सजना...
Aahi hamar सांस यो
भरल जवानी सजना
करू जुनी नास यो...
नेह विदेशिया स... किया लैग गेलई
पिया परदेसि bhelai
बोन सन लागे घर आंगन...
पिया परदेसी bhelou...

कौआ जे कूचरै अंगना
हिचकी उठईया अहिना
गोदना बजाबई सजना
कंगना के बुझियो भावना
आशा के बाती साजन...pain मे हेलई
पिया परदेसि bhelai
बोन सन लागे घर आंगन...
पिया परदेसी bhelou...

81. पहुना एला आजू अंगना हे

पहुना एला आजू अंगना हे... धन्य भाग मोर भ गेलै
नगरी बजल ढोल बजना हे
सगरो इजोर भ गेलै

अंतरा -1
कंचन थार मे दियरा जरेलउ
कमलक फूल स हार गुथेलौ -2
सोभै छै -2 पाग सिर गहना हे...-2
सगरो इजोर भ गेलै
पहुना एला आजू अंगना हे... धन्य भाग मोर भ गेलै

अंतरा -2
मंगल मंगल नगर चहू दिस
धोती कुर्ता पाग सभहक सिस -2
तरूआ तरल-2 सब बहिना गे
भावना बूझल आई पहूना हे
गद गद इ मोन भ गेलै
पहुना एला आजू अंगना हे... धन्य भाग मोर भ गेलै

पहुना एला आजू अंगना हे... धन्य भाग मोर भ गेलै
नगरी बजल ढोल बजना हे
सगरो इजोर भ गेलै

82. पिया रंग ई केहन रंगल मन

पिया रंग ई केहन रंगल मन
चूरी कंगना बउक परल
नयना गगनक मेघ बनल
पिया रंग ई केहन रंगल

अंतरा-1
सिहकई पवन पिया. कचैक उठे तन
सेजिया बैरिन लागे काठ सन -2
भरल जवानी बोझ बनल
पिया रंग ई केहन रंगल मन
चूरी कंगना बउक परल

83. स्वागत करू पहुना के

आयल मंगल मई दिन हे... स्वागत करू पहुना के -3

अंतरा-1

रूप अनूप लागै पहुना के -2

दिप लेसू सखी हिल मिल... स्वागत करू पहुना के

आयल मंगल मई दिन हे... स्वागत करू पहुना के -3

अंतरा-2

झिहिर झिहिर फूल झहरै गगन सँ -२

अंतरा-2

देखू चमकई सिसक पाग

स्वागत करू पहुना के

आयल मंगल मई दिन हे... स्वागत करू पहुना के -3

अंतरा-3

तारुआ भागरुआ सजै भोजन मे-2

चिख लियो हेयो रघुबीर.... बूजू कनी भावना के

आयल मंगल मई दिन हे... स्वागत करू पहुना के -3

84. प्रेमक रंग

प्रेमक रंग ई केहन....
तन भेल बिरहिन जेहन
कि आ हो रामा
विधान ई केहन गोदना
गोदायल हो रामा

अंतरा
खिस्सा जे प्रेमक सुनलउ
लिलनक माला गुथलउ
कि आ हो रामा
आशक डिबिया जीवन मिझायल हो राम
कि आ हो रामा
विधान ई केहन गोदना
गोदायल हो रामा

85. रोग केहन ई प्रेमक लगा देलकई

बाबू सोना जे कही क लोभा लेलकाई
रोग केहन ई प्रेमक लगा देलकई -2

अंतरा
सात जन्मक वादा जे केलउ
संग रह के किराया जे खेलउ -2
संग रह के किराया जे खेलउ
छाती केहन ई-2 गोदना गोद देलकई
रोग केहन ई प्रेमक लगा देलकई

अंतरा

किया भावना के तोईर आहा देलऊ
जान कही कही जान किया लेलउ -2
जान कही कही जान किया लेलउ
रित केहन ई-2 प्रीतक बनेलकई
रोग केहन ई प्रेमक लगा देलकई

86. उजैर गेल खोता

उजैर गेल खोता,जे मिलक बसेलाउ - 3
झोका पवन के, दू पंती में कहलाउ
उजैर गेल खोता,जे मिलक बसेलक
रो बिधना ई केहन लिखना छो तोहर-2
प्रेमक खेल केहन ई खेलना छो तोहर
उजैर गेल खोता,जे मिलक बसेलक - 2

अंतरा
सझा ई प्रेमक केहन द रहल छै-2
कि गलती भेलै बेवफा भ रहल छी
सजल छल सपना वो मोने में रही गेल
कहई छल सजना ओ सजना संग चईल गेल
उजैर गेल खोता,जे मिलक बसेलाउ - 2

अंतरा-2
ई बुझल रहित ज एहन प्रेम होईछै-2
जे दिल मे बसई छल ऐना छोइर दईछै
देलउ पिर दिल पर ई मुखरा देखा के-2
बुझीतो जे आहा हमर भावना के
उजैर गेल खोता,जे मिलक बसेलाउ - 2
उजैर गेल खोता,जे मिलक बसेलाउ -
झोका पवन के, दू पंती में कहलाउ
उजैर गेल खोता,जे मिलक बसेलक

87. जाक परदेश यो सजना

जाक परदेश यो सजना -2
लैब ने कोनो सौतिनिया -2
राखब मोन सदिखन कनिया
लैब ने कोनो सौतिनिया
जाक परदेश यो सजना
लैब ने कोनो सौतिनिया

अंतरा
हिचकी उठत ता बुझब केलउ हम याद आहा के सजन जी
यो पिया यो, याद करैया बतही
हिचकी उठत ता बुझब केलउ हम याद आहा के सजन जी
नाम लिखा क लायब
नाम लिखा कंगना पर लायब-2
रहब आही के दुल्लहिनिया
जाक परदेश यो सजना -2
लैब ने कोनो सौतिनिया -2

अंतरा
कर करबट संग सेजिया किलोल करत तार सन राइतो पहाड़ यो
पिया यो तार सन राइतो पहाड़
कर करबट संग सेजिया किलोल करत तार सन राइतो पहाड़
आहा छोईर भावना के बुझत -3
बौक बनत पायलिया
जाक परदेश यो सजना -2

भावना मिश्र

लैब ने कोनो सौतिनिया -2

८८. मिसियो ने खोच लागत

मिसियो ने खोच लागत - 2
पात केर नईया
नजर परत राम जी के -2
बनता खेबैया -2

अंतरा-1
लाली लगा लाल बनला हनुमान जो
छाती स लगा बढ़ोलन रघुवर मान यो
बनी क पहूनमा एला -2
मिथिला नगरिया
नजर परत राम जी के -2
बनता खेबैया -2

89. पानक लाली नै लागई या

पानक लाली नै लागई या -2
लागईं या ठोर लाली...
यो लाली..-2 कहा स लगेनौ सजना-2
पानक लाली नै लागई या -2
लागईं या ठोर लाली...
यो लाली..-2 कहा स लगेनौ सजना-2

अंतरा -1
आदत नै छल भोर भोर.. बिरि पान सुपारी...
कुछ दिन संगे रहत सौतीन बूझब हमरा अनारी...2
ठोरक लाली कहीं लगायत-2 सौतिन कोनो बिमारी....
यो लाली..-2 कहा स लगेनौ सजना-2

90. छोरू हाथ, बिगरत बात यो

छोरू हाथ.. बिगरत बात यो
लागई जेना...भोर भेलई सजना-2
भोर भेलई सजना-2
छोरू हाथ.. बिगरत बात यो
लागई जेना...भोर भेलई सजना-2

अंतरा-1
केस ओझरायाल पिया... ठोर लेभरायाल-2
करु कोनों-2 ज्लदी उपाई यो
लागई जेना...भोर भेलई सजना
छोरू हाथ.. बिगरत बात यो
लागई जेना...भोर भेलई सजना

अंतरा-2
नाजुक कलाई पिया... गेलई ललाई-2
झापू कोना -2 अंगी हेरेल यो
लागई जेना...भोर भेलई सजना
छोरू हाथ.. बिगरत बात यो
लागई जेना...भोर भेलई सजना

91. धोतिया रंगाबई, लाले लाल गोरिया

होली गीत

धोतिया रंगाबई, लाले लाल गोरिया .... ए जी - 2
परदेसिया के रहिया निहारै गोरिया - 2
धोतिया रंगाबई, लाले लाल गोरिया .... ए जी - 2
परदेसिया के रहिया निहारै गोरिया -2

अंतरा -1

कुचरै छै कौआ मोन लागै नै मिसिया - 2
लगैया नगर में ऐला परदेसिया -2
पूअबा पकाबू तिलकोर तरुआ .... ए जी - 2
परदेसिया के रहिया निहारै गोरिया - 2

अंतरा -2

रंग अबीर सब खेलइया आंगन बिच -2
टुकुर टुकुर ताकइ परदेसिया दुल्हिन दिस -2
भावना सजबू संग लाल गोरिया .... ए जी - 2
रंग उराबु आ अबीर गोरिया
परदेसिया के रहिया निहारै गोरिया - 2
धोतिया रंगाबई, लाले लाल गोरिया .... ए जी - 2
परदेसिया के रहिया निहारै गोरिया - 2

92. बतबू सजना

ही रही क उरबे -2
पवन मोरा सारी
सताबई सजना -2
लिखूं घर कहिया आयब...
बतबू सजना - 2

अंतरा-2
सौख श्रृंगार तन, लागई भारी
सदिखन बैरिन दईया गाड़ी
चढ़ल जवानी पिया-2
लागई बड भारी
बतबू सजना -2
लिखूं घर कहिया आयब...
बतबू सजना - 2

93. रो हजमा देरी जूइन करई छई बउआ सुक्मार

रो हजमा देरी जूइन करई छई बउआ सुक्मार -2
हमर बउआ सुकमार - हे रो बउआ सूक्मार
देबो बउआ के मौसी तोरा करई छी बिचार -2
रो हजमा देरी जूइन करई छै बउआ सुक्मार -2

अंतरा
बउआ के मामी नबकी तोरे लै छी रखने ....
तोरे लै छी रखने रो तोरे लै छी रखने
नाच देखेतो आईं तोरे लै छो सजने...
तोरे लै छो सजने रो तोरे लै छो सजने

बउआ के मामी नबकी तोरे लै छी रखने
नाच देखेतो आईं तोरे लै छो सजने
देबो बउआ के मौसी छोटकी करई छी बिचार
रो हजमा देरी जूइन करई छै बउआ सुक्मार
हमर बउआ सुकमार - हे रो बउआ सूक्मार
देबो बउआ के मौसी तोरा करई छी बिचार -2
रो हजमा देरी जूइन करई छै बउआ सुक्मार -2

अंतरा - 2
आजूक शुभ दिन सब मंगल गाबई

बऊवा के पिसी देखूं चॉकलेट लुटाबई

आजूक शुभ दिन सब मंगल गाबई
बऊवा के पिसी देखूं चॉकलेट लुटाबई

रो हजमा बुझाई कनी भावना छै बउआ सुकमार

94. पहिर लाल साड़ी लाले लाल lagai छी

पहिर लाल साड़ी लाले लाल lagai छी...
रही रही क नैना कटार मारै छी
लट छिरयोने कमाल लगे छी

अंतरा 1
देखूं कोना झुलैया kanak बाली....
बर निक लागे गोरी गालक लाली-२
नाक पर तामस. बेहाल लागै छी
रही रही क नैना कटार मारै छी
पहिर लाल साड़ी लाले लाल lagai छी...
लट छिरयोने कमाल लगे छी

अंतरा 2
रस स भरल aichh रानी पोरे por ye
झटईक मटैक चली लागै छी बेजोड़ ये
दात तर अंचर इन्होर करै छी
रही रही क नैना कटार मारै छी
पहिर लाल साड़ी लाले लाल lagai छी...
लट छिरयोने कमाल लगे छी

95. सुतू सुतु बउआ

सुतू सुतु बउआ भेलइ रैत अन्हरिया
ह रैत अन्हरिया
कि निनिया रानी झुलुआ झुलब ले अयतो -2
कि चंदा मामा खीर खुआब ले आयतो
कि निनिया रानी झुलुआ झुलब ले अयतो -2

अंतरा -1
बैन क खुट मे लेमन चूस रखने छो दादी हेरो रखने छो दादी
कि बाबा तोहर गरगरिया ल क अयतो
कि निनिया रानी झुलुआ झुलब ले अयतो -2

अंतरा -2
आईखक तारा सबके बउआ दुलरुआ
रो बउआ दुलारुआ
Ki papa तोहर कुर्ता तोरा ले सियेतो
कि मा तोहर भावना तोरा ले सजेतो
कि निनिया रानी झुलुआ झुलब ले अयतो -2

96. अवध सॅ अयला मोरा पहुना

अवध सॅ अयला मोरा पहुना...... हे फगुआ... सिया संग खेल ले - 2

सिया संग खेल ले - २

रंग अबीर के महीना.... हे फगुआ... सिया संग खेल ले - 2

अंतरा - 2

किनकर हाथे सखि हे कनक पिचकारी

किनकर रंग में रंगल किनकर साडी - 2

नगर में बाजै ढोल बजना... हे फगुआ... सिया संग खेल ले

अवध सॅ अयला मोरा पहुना...... हे फगुआ... सिया संग खेल ले - 2

सिया संग खेल ले - २

अंतरा -2

राम पहुनमा हाथे कनक पिचकारी

रघुबर रंग में रंगल सिया सुकमारी -2

भावना सजवने अइछ अंगना - हे फगुआ... सिया संग खेल ले - 2

सिया संग खेल ले - २

अवध सॅ अयला मोरा पहुना...... हे फगुआ... सिया संग खेल ले - 2

सिया संग खेल ले - २

97. लाल साड़ी मे, रूपक बड़ी मे

लाल साड़ी मे... रूपक बड़ी मे
फशी गेल दिल हमर
यूरिया रहल.... लट हुनकर
फशी गेल दिल हमर

अंतरा 1
चांदनी के चमक सन... तन चमकैया ये सजनी
काच कलस रस भरल....तन गमकैया ये सजनी
सुनू ने कनी .... अही के धनी
भवरा...बैन संगे... संग रही
लाल साड़ी मे... रूपक बड़ी मे
फशी गेल दिल हमर...दिल हमर

अंतरा 2
गाल गुलाबी लाली... बाली लटकी रहल अई
अंग स नुरियायल ई....साड़ी भटकी रहल आईं
भावना हमर.... अही मे बसल
भवरा...बैन संगे... संग रही
लाल साड़ी मे... रूपक बड़ी मे
फशी गेल दिल हमर...दिल हमर

98. मारु ने ऐना पिचकारी

मारु ने ऐना पिचकारी....... यो पिया भिझ जायत मोरा साड़ी - 2
भिझत साड़ी यो -4
मारु ने ऐना पिचकारी....... यो पिया भिझ जायत मोरा साड़ी - 2
भिझत साड़ी यो -4

अंतरा -1
धिरे सऽ रंग.. गाल लगाबू
पहिल मिलन अइछ लाल लगाबू _ 2
सुनू न.... बात मानू ऐना नै निहारू

यो पिया भिझ जायत मोर साड़ी - 2
भिझत साड़ी यो -4

अंतरा 2
बनू नै पिया ऐतेक बेदर्दी
सदिखन चलत नै अहाँ के मर्जी
2
कहै ये ये ......कहै ये भावना विचारू
योपिया भिझ जायत मोर साड़ी

99. चैत महिना पिया भेला परदेसिया

चैत महिना पिया भेला परदेसिया जुलुम केला न 2
तेज गेल घर अंगना
जुलुम केला न
तेज गेल घर अंगना
जुलुम

अंतरा 1
निंदो ने आबे आधी रतिया सताबै 2
कोइली के बोलि पिया हिया कुहकाबै
यो s हिया कुहकाबैया
बौन सन लागे पिया देखू घर अंगना जूलूम केला ना हा जूलूम केला ना
तेज गेल घर अंगना
जूलूम केला ना

अंतरा 1
मजरल आम पिया गमकल महुआ 2
रहितौ ज गाम सांग खेलतौ गहुआ
यो खेलतौ गाहुआ यो खेलतौ गाहुआ
भावना लिखल पिया... देखू दू पांती
जूलूम केला ना हा जूलूम केला ना
तेज गेल घर अंगना

भावना मिश्र

जूलूम केला ना

100. प्रेमक रंग में रंगा लेलियई

संग सजना सिनेहिया लगा लेलियई
मोन प्रेमक रंग में रंगा लेलियई
रोग केहन ई मिठगर लगा लेलियई
मोन प्रेमक रंग में रंगा लेलियई

अंतरा...1
सोलहो श्रृंगार सजना, सजा लेलियई यों
नाम अहाँ के दिल मे लिखा लेलीयई यों -2
हम अहाँ के अहाँ हमर भेलियई-2
रोग केहन ई मिठगर लगा लेलियय
मोन प्रेमक रंग में रंगा लेलियई

अंतरा-2
किरिया ई जन्म नै सजना, जन्मो जन्म के
सदीखन भऽ क रहब हम सजन के-2
बुईझ भावना अहाँ के हम गेलियई 2
रोग केहन ई मिठगर लगा लेलियय
मोन प्रेमक रंग में रंगा लेलियई

101. जो रे चाँद जो रे

जो चाँद जो रे 2 पिया के नगरियाँ
ल क तू आबिहै -2 हुनकऽ खबरियाँ
जो रे चाँद जो रे पिया के नगरियाँ

अंतरा 1
कहिहैं तू जक चंद हमर विपतिया
कहूना कटैया दिन कटै नई आइ रतिया 2
रही रही निहारी... पिया आहा लै रहिया
ल क तू आबिहै 2 हुनकऽ खबरियाँ
जो रे चाँद जो रे पिया के नगरिया 2

अंतरा
बौक बनल आइ आहा लेल चूरी कांगना
बौन सन लागे आहा बिन ई घर अंगना
भावना सजवने पिया प्रेम डगरिया
ल क तू आबिहै 2 हुनकऽ खबरियाँ
जो रे चाँद जो रे पिया के नगरिया 2

अंतरा M
जो चाँद जो रे 2 प्रिए के नगरियाँ
ल क तू आबिहै -2 हुनकऽ खबरियाँ
जो रे चाँद जो रे प्रिए के नगरियाँ

102. स्वर्गो स सुंदर अपन मिथिला गाम छै

उगना के धाम छै
पहुना श्री राम छै 2
स्वर्गो स सुंदर अपन मिथिला गाम छै 2

Antra 2
देख लै भेटत कोशी कमला बलान यो
बोझक बोझ धान राखल दलान यो
2
जनकक गाम छै
पहुना श्री राम छै
स्वर्गो स सुंदर अपन मिथिला गाम छै 2

अंतरा 2
बैसल दलान सुग्गा पढ़ाई बेद पुरान यो
विद्यापति के लिखल करै बखान यो
2
भावना समान छै
किनको नै आन छै
स्वर्गो स सुंदर अपन मिथिला गाम छै 2
उगना के धाम छै
पहुना श्री राम छै 2
स्वर्गो स सुंदर अपन मिथिला गाम छै 2

103. बैसल आँगन मे भऽ जैया भोर

बैसल आँगन मे भऽ जैया भोर...
पिया नहीं ऐला -2
बहीना गे मोर
बैसल आँगन मे भऽ जैया भोर...

अंतरा 1
जनितो जे पिया मोरा... चित के चोरेता
पिर भेटत एते जोर _ 2
देखितो जँ पिया के लागल सिहेंता...2 मेघ गरैज कैल घोर
बहिना ... पिया नही ऐला मोर 2

अंतरा 2
आँखि नोरायल...लट ओझरायल...
पिया बिनु आँगन आई ठाम -2
सगुन धरेलो कोबला केलो ....2 हृदय देलक झिकझोंरि
बहिना...पिया नहि ऐला मोर-2

अंतरा -3
लिख कऽ दूँ पाँति... हमरा पठाबू...
भेल कोन हमर कसूर ...
भावना स्नेहक बान्हल डोरी...2 भेटत नै कोनो छोर...
गे बहिना पिया नहि ऐला मोर...

104. कोन बदरा स प्रिए

कोन बदरा स प्रिए....
कजरा चोरेलियई.....
जानै छी टोना कोना....
हमरा लोभेलियई....2

अंतरा 1
बड फुरसत स गढ़ला...
आहा के विधाता...
देखि गगन सऽ ....
चंद लजेता....
2
इंद्र धनुष रंग .....
अंगी रंगेलियई....2
जानै छी टोना कोना....
हमरा लोभेलियई....
कोन बदरा स प्रिए....

अंतरा 2
कजरा लागै जेना...
बदरा बजायत....
प्रेम रस बूंद सऽ...
आहा के भिजायत....
2
मोनक मंदिर मे प्रिए...

भावना सजेलियई...2
जानै छी टोना कोना....
हमरा लोभेलियई....
कोन बदरा स प्रिए....

105. रहु जूइन दूर हेयो पहुना हमर

शिहके पवन याद सुतल जगाबे
विरहक पीर मे हमरा डुबाबे
2
रहु जूइन दूर हेयो
पहुना हमर....
रहु जूइन दूर हेयो
पहुना हमर...यो पहुना हमर
यो पहुना..... यो रूसना
यो पहुना..... यो सजना

अंतरा 1

बैसल अँगना मे छी... मौन ये हेरायल,
भरल डिबिया तेल... बाती मिझायल
यो सजना.......
बैसल अँगना मे छी... मौन ये हेरायल,
भरल डिबिया तेल... बाती मिझायल
दिप जरेलहू.... सगून धरेलहू 2
यो पिया यो....यो पिया यो....

अंतरा 2

चलैत बटोही सदिखन देखै नैना...
अवता कहिया अंगना हम्मर पहुना...
यो सजना......
चलैत बटोही बैसल देखै नैना...
अवता कहिया अंगना हम्मर पहुना...
भावना हमर किया बिसरी गेलौ यो 2
यो पिया यो....यो पिया यो....

106. सजना सिनेहिया छुटल

कुहकई छी सदिखन जेना...
कुहुकै कोयलिया...
सजना सिनेहिया छुटल....
व्याकुल भेल आहा लै दुलहिनिया
सजना सिनेहिया छुटल....

अंतरा 1
छल मनोरथ जे ....
पिया संगे बसितौ...
अंचर स डोलाक.....
भोजन करबितौ....
सपना के माला छन मे... खुजल नैन टूटल....
सजना सिनेहिया छुटल....
व्याकुल भेल आहा लै दुलहिनिया
सजना सिनेहिया छुटल....

अंतरा 2
सेजिया गरैया अहीना...
कंगना लरइया....
रही रही क ताना छोटकी नन्दी दईयाई
सजना सिनेहिया छुटल....
व्याकुल भेल आहा लै दुलहिनिया
सजना सिनेहिया छुटल....

अंतरा 3

धोटिया रंगोलउ पिया..
फगुआ मे अवता....
मोने मे बिचारलउ हमरा....
रूसल पवता...
खिड़की के दोगे भावना रहीं रहीं निहारै...
सजना सिनेहिया छुटल....
व्याकुल भेल आहा लै दुलहिनिया
सजना सिनेहिया छुटल....

107. कंगना बड़ शोर करैया

आई कुचरई छै...2 काग बड़ अंगना
कि कंगना बड़ शोर करैया...
लागईं अचके मे अवता आजू सजना
कि कंगना बड़ शोर करैया
आई कुचरई छै... काग बड़ अंगना
कंगना बड़ शोर करैया...

अंतरा 1
अवता अंगना त लगो नै जेबै 2
देख फाटक के दोगे लजेबई
2
ठाव पारल छै...2 निपल घर अंगना
कि कंगना बड़ शोर करैया...
आई कुचरई छै... काग बड़ अंगना
कंगना बड़ शोर करैया...

अंतरा 2
मोन अचके मे परल ओहीना...2
छल अजके अबैय गे बहिना..
2
कनी बुझू नऽ... 2 हमर भावना
कंगना बड़ शोर करैया...
आई कुचरई छै...2 काग बड़ अंगना
कि कंगना बड़ शोर करैया...

108. मोरनी चोरनी

M

मोरनी चोरनी बैन कऽ दिल चोरी केलौ 2
बैन क हम सजना आयब... आहा के अंगन
मुखरा स अंचर हटेब.... सजनी हले हले हले

F

मोहना, मोहना बैन कऽ दिल चोरी केलौ 2

अंतरा 1

F

छ्न दू छ्न में रंईग देलौ आहा अप्पन रंग में
चंद चकोरिक जोरी सन रहब संग मे

M

खिलल गुलाबक खुशबू भरल आहा के अंग में
बैन क भवरा हम रहब आहा के संग मे
छ्नकाईया पायल....
करैया घायल....
धड़कन बड़ तेज धरकै... धक धक धक....
मोरनी चोरनी बैन कऽ दिल चोरी केलौ 2

F

मोहना, मोहना बैन कऽ दिल चोरी केलौ

109. प्रेमक जाल के

रंग केहन
संग केहन
प्रेमक जाल के...
ओझरा गेलो
मोल केहन
प्रेमक जाल के..

अंतरा 1
पतझार आयल केहन ई...
नैना बरैसी रहल अइ...
छःह जे बनल छल....
दूर ससरि रहल अई...
2
तरैप रहल
अईछ सदिखन
भावना मोन के
रंग केहन
संग केहन
प्रेमक जाल के...

अंतरा 2
जगमग रैत इजोरीया...
लागै गुज अनहरिय....
टूटल पहाड़ पिरक....

प्रेम मे भेटल या...
रहू कोना
सहू कोना
प्रेमक जाल के...
रंग केहन
संग केहन
प्रेमक जाल के...

www.ingramcontent.com/pod-product-compliance
Lightning Source LLC
LaVergne TN
LVHW091322150826
845673LV00006B/1736

* 9 7 9 8 8 9 6 7 3 6 0 5 9 *

நூலாசிரியர்

கல்வியின் அடிப்படையில் பொறியாளராகவும் காதலின் அடிப்படையில் எழுத்தாளராகவும் இருந்த சந்தோஷ் மாதேவன், தன்னுடைய கல்லூரிப் படிப்பை முடித்தவுடன், எழுத்தினால் மட்டுமே ஊதியம் பெறவேண்டும் என்ற முடிவை எடுத்து, தி நியூ இந்தியன் எக்ஸ்பிரஸ் ஆங்கில நாளிதழில் நிருபராகப் பணியாற்றத் தொடங்கினார். அந்த இதழியல் பயணம் அவரை நியூஸ் டுடே, டாக் மீடியா, விகடன் என பல இடங்களுக்கு அழைத்துச் சென்று இறுதியாக திரைத்துறைக்குள் கொண்டுசேர்த்தது. இதற்கிடையில் வலைப்பதிவு, இணைய நிகழ்ச்சிகள், திரைக்கதை எழுத்துப் பட்டறைகள் என தன் இறக்கைகளை விரித்துப் பறக்கத் தொடங்கினார். இவருடைய இணைய ஒலிபரப்பு நிகழ்ச்சிகள்(podcasts) 'திரைக்கதைப்போமா' (Thiraikkadhaippoma™) மற்றும் 'தாக்கல் சொல்ல வந்தேன்' இவர் இறக்கைகளில் மேலும் சில இறகுகளைச் சேர்த்து உயரக் கொண்டு சென்றன. தற்போது, எழுத்தினால் மட்டுமே ஊதியம் பெறவேண்டும் என்ற அதே முனைப்புடன், தென்னிந்தியத் திரையுலகில் திரைக்கதை ஆசிரியராகவும் திரைக்கதை எழுத்துப் பட்டறைகளில் விரிவுரையாளராகவும் பணியாற்றி வருகிறார்.

www.santhoshmathevan.com

என் கடந்தகால, நிகழ்கால, எதிர்கால வல்லாதிக்கத் தோழிகளுக்கு...

ஆதிவுரை

நீண்டதொரு இடைவெளிக்குப் பிறகு!

வணக்கம்,

பிறர் கனவுகளையும் கற்பனைகளையும் கருப்படவைத்துவிட்டு, நீண்ட இடைவேளைக்குப் பிறகு மீண்டும் என் சொற்களை உருப்படவைக்க எழுதுகிறேன். கடந்த ஆறு மாதங்களில் கிடைத்த ஓய்வுப் பொழுதுகளில் எதைவேண்டுமானாலும் எழுதியிருக்கலாம். ஆனால், எதிர்காலத்திலிருந்து நிகழ்காலத்துக்கு வந்து விழும் சொற்களையே என் கட்டுரைகளில் சேர்க்க விரும்புவதால், நிகழ்காலம் வரும்வரை காத்துக்கொண்டிருந்தேன்.

வட்டம் மிகச் சிறியதாகயிருந்தாலும் அதிலிருக்கும் என் வாசகர்கள் என்னை விட்டபாடில்லை. அவர்களைப் போலவே நானும் என் அடுத்த கட்டுரைக்காகக் காத்துக்கொண்டிருக்கிறேன் என்பதையும் அவர்களிடத்தில் கூறவேண்டியிருந்தது. இலக்கை நோக்கி ஓடிக்கொண்டிருப்பவர்களுக்கு நடுவே நான் என் இலக்கைத் தேடிக்கொண்டிருந்தேன். இப்போது எதை நோக்கிச் செல்லவேண்டும் என்பதாவது தெரிந்துவிட்டது. எழுத வந்துவிட்டேன்.

இந்த ஊரடங்குக் காலம் நம்மில் பலரைப் பல விதங்களில் படுத்திவிட்டது, படுத்திக்கொண்டிருக்கிறது. இந்த ஆண்டு தொடக்கத்தில் பார்த்துக்கொண்டிருந்த வேலையைவிட்டு வெளியேறி, திரைத்துறையில் தடம் பதித்துவிடும் முயற்சிகளில் ஈடுபடத்தொடங்கிய வேளையில் ஊரை அடக்கிவிட்டார்கள். ஊர் அடங்கினாலும் தேடல் அடங்கவில்லை.

சிறியதோ பெரியதோ, ஏதோவொரு நிறுவனத்தில் பணியாளராக இருப்பவருக்கு ஒரு வேலையில்லா படைப்பாளியைவிட தன் வாழ்க்கைச் சக்கரத்தைச் சுழற்றுவது எளிதாகவே இருக்கிறது. ஆனால், அந்தப் படைப்பாளி தேடலில் இருந்தால், யாருக்கும் கிடைக்கப்பெறாத வாய்ப்புகளெல்லாமும் கிடைக்கின்றன. ஒரு வேலையில் இருப்பவர் கடிவாளம் கட்டப்பட்ட குதிரை போல ஒரே திசையில் ஓட வேண்டியிருக்கிறது. ஆனால், வெட்டவெளியினில் தேடிக்கொண்டிருப்பவருக்கு வாய்ப்புகள் கொட்டிக்கிடக்கின்றன. அதில் எதைப் பொறுக்குவது எதை விடுவது என்பதை முடிவுசெய்வதே அவருக்குப் பெரும்பாடு.

கடந்த எட்டு மாதங்களில் ஏதேதோ செய்துவிட்டேன். தமிழ், தெலுங்கு, கன்னடம் உள்ளிட்ட மொழித் திரைப்படங்களில் பணி-யாற்றும் 13 இயக்குநர்களுடன் இணைந்து பணியாற்றி அவர்கள் திரைக்கதைகளுக்கு உதவியிருக்கிறேன். வெவ்வேறு திரை வகை-மைகளுக்குள் அடங்கும் இருபதுக்கும் மேற்பட்ட கதைகளைத் திரைப்படங்களுக்காக எழுதிவைத்திருக்கிறேன். ஒரு முழு நீளத் தமிழ்ப் படத்துக்கு திரைக்கதை எழுதிக்கொண்டிருக்கிறேன். நண்பர்-களுடன் இணைந்து தமிழ் உரையாடல் தளம் ஒன்றை உருவாக்கி மாதம் இருமுறை கலை மற்றும் அரசியல் சார்ந்த கலந்துரையா-டல்களை நடத்திவருகிறேன். நிழற்படக் கலையில் ஒரு பட்டயப் படிப்பை முடித்திருக்கிறேன். ஒரு வட இந்தியத் தயாரிப்பு நிறு-வனத்தின் திரைப்படம் குறித்த ஆராய்ச்சி ஆவணப்படத்தின் அங்-கமாகப் படமாக்கப்பட்ட இயக்குநர் பா. இரஞ்சித்தின் இரண்டு மணிநேர தமிழ் நேர்காணலுக்கு ஆங்கில மொழிபெயர்ப்பும் மொழிக்-கோர்வையும் செய்திருக்கிறேன். கிட்டத்தட்ட ஐம்பதுக்கும் மேற்பட்ட திரை ஆர்வலர்களுக்குத் திரைக்கதை எழுதும் பயிற்சிப் பட்டறையை இலவசமாக இணையம் வாயிலாக நடத்தியிருக்கிறேன். இந்த எட்டு மாத ஊரடங்கு நிறைவாகயில்லையென்றாலும், குறையாகவுமில்லை.

கலை முதல் கற்பித்தல் வரை இத்தனை செய்தும் இவை எல்-லாவற்றுக்கும் மூலதனமாக எனக்குத் தேவைப்பட்டது அறிவு மட்-டும்தான். இந்த அறிவே என் இலக்கை எனக்குக் கண்டுபிடித்துக்-கொடுத்தது. ஆதலால், அந்த அறிவைப் போற்றவேண்டியிருக்கிறது. அதற்காகவே இந்தப் புத்தகத்தை வெளியிடத் திட்டமிட்டுள்ளேன். இதற்காகப் புதியதாக எதுவும் எழுதும் எண்ணமில்லை. ஏற்கனவே இந்த அறிவில் முளைத்த படைப்புகளுக்கு அழகு சேர்ப்பதே இந்தப் புத்தகத்தின் ஒற்றை நோக்கமாக இருக்கிறது. அந்தப் படைப்புகளை-யெல்லாம் கூட்டிச் சேர்த்தே ஒரு தொகுப்பாக்குகிறேன். 'கூட்டவியல்' ஆக்குகிறேன்.

என் தந்தையின் முதல் கவிதைத் தொகுப்பு, 'எனக்கென ஒரு வானம்' வெளியான பிறகு அது தமிழ்த் தேசியவாதிகளாலும், பல்-வேறு தமிழ் மொழி ஆர்வலர்களாலும் தலையில் தூக்கிவைத்துக் கொண்டாடப்பட்டது. அதிலிருந்த சில கவிதைகளைத் திறனாய்ந்து, பல அறிஞர்கள் சமூக வலைத்தளங்களில் ஆதரவாகவும் எதிர்த்தும் விவாதங்களில் ஈடுபட்டனர்.

அந்தக் காலகட்டத்தில் நான் ஊடகத்துறையில் பணியாற்றிக்கொண்டிருந்ததால் ஒரு முன்னணி தமிழ் இதழில் இருந்த நண்பர்களிடம் அதே புத்தகத்தை விமர்சனம் செய்து அறிமுகப்படுத்தும் கட்டுரை எழுதும்படி கோரிக்கையோடு கொடுத்தேன். அதைப் படித்தவர்கள், அந்தக் கவிதைகள் எல்லாம் மிகச் சாதாரணமாக இருப்பதாகச் சொல்லி புத்தகத்தைத் திருப்பிக்கொடுத்துவிட்டனர். அது எனக்கொரு படிப்பினையாகவே மாறியது. ஒரே மொழி இலக்கியச் சமூகத்தின் இருவேறு பிரிவினரால் ஒரு புத்தகம் வெவ்வேறு வகையில் வரவேற்கப்பட்டது வியப்பாகவும் ஏமாற்றமாகவும் இருந்தது.

அந்த வியப்பும் ஏமாற்றமும் கலந்த ஒரு மனநிலையிலேயே இந்தப் புத்தகத்தை வெளியிடுகிறேன். இந்தத் தொகுப்பில் இருக்கும் கட்டுரைகள், கடந்த 2017ஆம் ஆண்டு தொடங்கி 2020ஆம் ஆண்டு வரை என் வலைப்பதிவு தளத்தில் நான் எழுதியவை. அறிவைப் போற்றி எழுதுவதால், அக்கட்டுரைகளைப் பட்டறிவு, சுட்டறிவு, பகுத்தறிவு என மூன்று அறிவு வகைமைகளுக்குள் தொகுத்திருக்கிறேன். இதில் இருக்கும் ஒவ்வொரு கட்டுரைக்கும் ஒவ்வொரு முகம், ஒவ்வொரு நிறம். சில வேளைகளில் இதற்கான வாசகர்களும் வேறு வேறு தளங்களிலிருந்து வந்தவர்கள். அவர்களையெல்லாம் ஒன்று சேர்த்து ஒரு குடைக்குள் அடைத்து என் சொற்களைப் பொழிகிறேன். இதில் உங்களுக்குப் பிடித்த கட்டுரைகளைப் படிக்கவிரும்புகிறவர்கள் குடைக்கு வெளியே வந்து நனையலாம். மற்ற கட்டுரைகள் பொழியும்போது குடைக்குள் அடைந்துகொள்ளலாம். உங்கள் விருப்பத்துக்கே அதை விடுகிறேன்.

நான் எழுதி என் வலைப்பதிவு தளத்திலும், நான் பணியாற்றிய ஊடகங்களின் இணையதளத்திலும் சில ஆண்டுகளுக்கு முன்பு வெளியான கட்டுரைகளை இன்றும் படித்து வாழ்த்தும், வசைபாடும் வாசகர்களை அடிக்கடி சந்திக்கிறேன். அந்த வாழ்த்து மற்றும் வசைச் சொற்களில் படிந்திருக்கும் பேரன்பின் மீது நம்பிக்கை வைத்து இந்தக் கட்டுரைத் தொகுப்பை உங்களிடம் சேர்க்கிறேன்.

சந்தோஷ் மாதேவன்,

சென்னை, நவம்பர் 7, 2020.

பி. கு. முதன் முதலில் என் கட்டுரைத் தொகுப்பை 'கூட்டவியல்' என்ற தலைப்பில் புத்தகமாகப் பதிப்பிக்க முடிவு செய்தபோது, அதற்காக 2020 ஆம் ஆண்டு நான் எழுதிய முதல் முன்னுரை இது. இந்த முன்னுரை எழுதிய பிறகு நான் எழுதிய சில

படைப்புகளும் இந்த நூலில் தொகுக்கப்பட்டுள்ளதால் இதன் வடிவமும் பொருளும் அடுத்தக் கட்டத்துக்குப் போய்விட்டன. அதனால்தான் அந்தக் கூட்டவியல் இந்த anthology அவியலாகிவிட்டது.

அறிமுகவுரை

என்னிடம் பலரால் பலமுறை அன்றாடம் கேட்கப்படும் ஒரு கேள்வி, "நீ எந்த மாதிரி ஜானர்ல திரைக்கதை எழுதணும்னு ஆசப்படுற?", என்பதுதான். என்னிடம் மட்டுமல்ல. திரைக்கதை ஆசிரியராகவும், இயக்குநராகவும் வளர விரும்பும் பலரிடம் கேட்கப்படும் கேள்வி இது. முன்பெல்லாம் இதற்கான பதிலாக நான், "எல்லா ஜானர்லயும் எழுதணும்னு ஆச," எனக் கூறிவந்தேன்.

இப்போது அப்படியில்லை.

ஒரு படைப்பாளி, தான் படைப்பதன் நோக்கத்தைத் தன் படைப்பை நுகர்வோரின் உணர்வு வெளிப்பாடுகளில் மட்டுமின்றி, அவர்களின் உள்ளுணர்வுகளையும் விழுமியங்களையும் விரவும் இடத்துக்கு எடுத்துச்செல்ல வேண்டும் என நம்புகிறேன். அதை நான், உலகம் முழுக்க வெற்றியடைந்த பல திரைப் படைப்பாளிகளின் செயல்பாடுகளைப் பார்த்தே உணர்ந்தேன்.

உதாரணத்துக்கு, நான் என் திரைக்கதை ஆசானாகக் கருதிப்போற்றும் இயக்குநர் வெற்றிமாறன், தன் அத்தனை படங்களிலும் 'துரோகத்தையும் அதன் எதிர்வினையையும்' மையப் புள்ளியாக வைத்து தன் திரைக்கதைகளை அமைப்பவர். அதேபோல இயக்குநர் மிஷ்கின், தன் திரைக்கதைகளில் 'மன்னிப்பு' என்கிற ஆதி உணர்வை மையமாக்குபவர். இதேபோல பல உதாரணங்களைச் சுட்டிக் காட்டலாம். இந்த இயக்குநர்கள் எந்த ஜானரில் திரைக்கதை எழுதினாலும் அந்த மையக் கருத்தைவிட்டு வெளியே வருவது அரிதே.

அதனால்தான் ஒரு படத்தின் வகைமையை (ஜானரை)விட, அதன் மைய விழுமியமே ஒரு படைப்பாளியின் நோக்கமாக இருக்கவேண்டும் என நான் நம்புகிறேன்.

அப்படி நான் என்னுடைய படைப்புகளின் மையக் கருத்தாக எதை வைக்க வேண்டும் என சுய பரிசீலனை செய்தபோது கண்டெடுத்ததுதான் empathy. அந்த ஆங்கிலச் சொல்லுக்குக் கிட்டத்தட்ட இணையான தமிழ்ச்சொல் பச்சாதாபம். அதாவது ஒரு சூழ்நிலையில் இருக்கும் ஒருவரின் உள்ளுணர்வுகளை, அவர் இருக்கும் அந்தச் சூழ்நிலையில் நம்மை நாமே வைத்துப் பார்த்து அவர் நிலையைப் புரிந்துகொள்வது.

இந்த இடத்துக்கு நான் வரக் காரணமாக இருந்தவை பல. காதல், திரைப்படம், அரசியல், சமூகவியல் தொடங்கி அத்தனை கத்தரிக்காய், கொத்தமல்லியும் அந்தக் காரணிகளுள் அடங்கும். அந்தக் காரணிகளின் சுய பரிசீலனையின் விளைவே இந்தப் புத்தகம். காரணிகள் பலவாக இருந்ததால் என் எழுத்து வடிவங்களும் அப்படியே ஆகிப்போயின.

கடந்த 2016-ஆம் ஆண்டு சென்னைக்கு நான் வந்தபோது எனக்கிருந்த மனநிலையும், இந்தப் பெருநகரத்தில் நான் சந்தித்த மனிதர்களும் சூழ்நிலைகளும் அனுபவங்களும் என்னை எப்படிச் செதுக்கியிருந்தன என்பதை என் படைப்புகளின் வாயிலாக நான் கண்டடைகிறேன்.

இதிலிருக்கும் படைப்புகள், கட்டுரைகள், அனுபவக் குறிப்புகள் மற்றும் சிறுகதைகள் அனைத்துமே நான் கடந்த ஏழு ஆண்டுகளில் வெவ்வேறு காலகட்டங்களில் வெவ்வேறு மன முதிர்ச்சி நிலைகளிலும் சமூக அரசியல் நிலைப்பாடுகளிலும் நம்பிக்கைகளிலும், ஒன்றிலிருந்து மற்றொன்றுக்குக் குரங்கு போல் தாவித்தாவி குதித்துக் கொண்டிருந்த வேளைகளில் எழுதப்பட்டவை. இது ஒரு தொகுப்பு, தொடர் அல்ல.

என் டைரியை உங்கள் முன் விரித்து வைக்கிறேன் என நினைத்துக்கொள்ளுங்கள். ஒரு எளியவனின் புற வாழ்க்கை அனுபவங்கள் எப்படி அவன் அக வாழ்க்கையை நெறிப்படுத்துகின்றன என்பதை என்னுடன் இணைந்து நீங்களும் புரிந்துகொள்வீர்கள் என நம்புகிறேன்.

கருத்தியல் விட்டு கருத்தியல் தாவிக் கொண்டிருந்த குரங்கைக் கட்டுப்படுத்தி ஒரு கட்டுக்குள் கொண்டு வந்த சூழ்நிலைகளும் அனுபவங்களும் மனிதர்களும் குறித்த பதிவுகளும் கூட உள்ளே இருக்கின்றன. எது எந்தக் காலகட்டத்தில் எழுதப்பட்டது என்பதை உங்களுக்குத் தெரியப்படுத்த அவை எழுதப்பட்ட நாளையும் இடத்தையும் எல்லா அத்தியாயங்களின் இறுதியிலும் குறிப்பிட்டுள்ளேன்.

இந்தப் பதிவுகள் வெவ்வேறு பரிமாணங்களில் உள்ளன. அந்தப் பரிமாணங்களின் ஒட்டுமொத்தத் தொகுப்பையும் சீர்மை செய்து உங்களுக்குத் தருகிறேன். இது உங்களுக்கு ஒரு புதுவித வாசிப்பு அனுபவத்தைத் தரும் என நம்புகிறேன். இந்தச் சீர்மை செய்யப்பட்ட தொகுப்பை எப்படி அணுகுவது என்பதை வழிகாட்ட அடுத்த பகுதியில் ஒரு சிறிய குறிப்பையும் இணைத்துள்ளேன்.

கிட்டத்தட்ட ஐந்து ஆண்டுகாலமாக என் முதல் நூலை எப்படியாவது வெளியிடவேண்டும் என முனைந்து வந்தேன். அக மற்றும் புறக் காரணங்களால் அது தாமதமாகிக் கொண்டேபோனது.

ஆனால் இந்தக் காலகட்டத்தில் திரைக்கதை வழிகட்டியாகவும், இணைய ஒலிபரப்பு நிகழ்ச்சி படைப்பாளராகவும் 'திரைக்கதைப்போமா' என்கிற ஒரு முன்னெடுப்பையும் 'தாக்கல் சொல்ல வந்தேன்' என்கிற ஒரு பகிர் தொகுப்பையும், இணைய ஒலிபரப்பு நிகழ்ச்சிகளாக உருவாக்கியிருந்தேன்.

இப்படி எதையெல்லாமோ செய்து வந்தாலும், புத்தகம் வெளியிடாமல் இருந்தது மட்டும் மானதோரம் ஒரு குறையாகவே இருந்தது. அந்தக் குறையைச் சுமந்தபடியே சுற்றிக்கொண்டிருந்தேன். ஒரு வழியாக இதோ என் முதல் நூலுடன் வந்துவிட்டேன்.

இந்த வேளையில் குறிப்பிட வேண்டிய சிலர் இருக்கின்றனர். முதன்மையாக, நான் பேனாவைப் பிடித்து முதல் முதலில் எழுதக் காரணமான என் அப்பா, எழுத்தாளர்-தமிழறிஞர் சிராப்பள்ளி மாதேவன். அடுத்ததாக, எதை எழுதினாலும் முழுமையான பாராட்டை இதுவரைத் தந்திடாத என் அம்மா ஜெயந்தி. மற்றும், என் எழுத்தை முதல் முதலில் என் வகுப்பு மொத்தத்துக்கும் வாசித்துக்காட்டி எனக்கான முதல் வாசகர்களைத் தேடித்தந்த என் பள்ளித் தமிழாசிரியர் முனைவர் முருகேசன். அவர்கள் மூவருக்கும் முதன்மை நன்றி.

அடுத்தபடியாக, இத்தனை ஆண்டுகள் நான் கடந்து வந்த நண்பர்களில், எத்தனைச் சிக்கலான சூழலிலும் என்னோடு துணை நின்றவர்கள். பரணி, குமரகுருபரன், ராஜி, அருண், சுபத்ரா, அஜின், ஆனந்தி, சம்பத்ராஜ், சேதுராமன், ரஞ்சித் ரூஸோ, ஜே.கே., மாதேவன், ஸ்ரீஜா, அக்ஷய் சங்கர், சிவமாரி உள்ளிட்ட அனைவருக்கும் நன்றி.

ஒரு படைப்பாளியின் ஆகப்பெரும் எதிரி பாதுகாப்பின்மை. அப்படிப்பட்ட இக்கட்டான ஒரு சூழலில் அதைப் பற்றி கவலைப்படாமல் "உன் இலக்கை நோக்கி நீ ஓடு" என்ற நம்பிக்கையைத் தந்த என் மாமா பிரேம்குமாருக்கு எத்தனை நன்றி சொன்னாலும் தகும்.

ஊடகத்துறைக்குள்ளும் திரைத்துறைக்குள்ளும் அடியெடுத்து வைத்தபோது என்னை அந்நியமாக உணரச்செய்யாமல் அரவணைத்த, பத்திரிகையாளர்கள் காலின்ஸ், சுகன்யா மெர்சி, பாஸ்கர்

சாய், பரத், சித்ரா, செந்தில்குமார், சனா உள்ளிட்டவர்களுக்கும், இயக்குநர்கள் நாகா, மகிழ் திருமேனி, சந்தானமூர்த்தி, பிரவீன், ஆனந்த் ரவிச்சந்திரன் உள்ளிட்டவர்களுக்கும் எல்லாவற்றுக்கும் மேலாக நிர்வாகத் தயாரிப்பாளர் மற்றும் எழுத்தாளர் அண்ணன் அருண் ஜோகி அவர்களுக்கும் நன்றி.

இந்தப் பதிவுகளில் பெரும்பாலானவற்றை நான் எழுதக் காரணம் என்னோடு இதுவரை சமூக, அரசியல் உரையாடல்களில் ஈடுபட்ட பலர். அவர்களால் தான் என் கருத்தியல் பரிணாம வளர்ச்சி கண்-டது. அவர்களில் முகாமையாக ஊடகவியலாளர் லெனின், எழுத்-தாளர் ஆஷாமீரா, எழுத்தாளர் தாரணி, இயக்குநர் குழந்தை வேலப்பான், ஊடகவியலாளர் அண்ணன் செந்தில் கரிகாலன் உள்-ளிட்டவர்களுக்கு என்னைச் செதுக்கியதற்காக நன்றி.

இருந்த பதிவுகளையெல்லாம் தொகுத்தாயிற்று. செங்கற்களை அடுக்கி அடுக்கி ஒருவழியாக வீட்டையும் கட்டிமுடித்தாயிற்று. ஆனால் எப்படி புதுமனைப் புகுவது என திக்கற்றுக் குழப்பத்தில் இருந்தபோது, கதவைத் திறக்க திறவுகோலோடு வழிகாட்டிய நண்பர் ஆகாஷுக்கும், இந்தப் புத்தகத்தை எழுத உந்துகோலாக இருந்த, அடுத்த புத்தக்கத்தை எழுத ஊசிமுனையாக இருக்கப்போகும் என் தம்பியும் எழுத்தாளருமான ‘வக்கீல் சாப்’ வாஞ்சிநாதன் சித்ராவுக்கும் பெரிதும் கடமைபட்டிருக்கிறேன்.

மேலும், இந்தப் புத்தகத்திலிருக்கும் என் படைப்புகளைத் தொகுக்கும்போது முடிந்தவரை என்னைக் கவனம் சிதறாமல் பார்த்-துக்கொண்ட இளையராஜாவுக்கும் யுவன் ஷங்கர் ராஜாவுக்கும் நன்றி.

எல்லாவற்றுக்கும் மேலாக எனக்குக் கடந்த காலங்களில் காதலை அள்ளிக் கொடுத்த என்னுடைய எல்லா முன்னாள் காத-லிகளுக்கும் நன்றி!

- சந்தோஷ் மாதேவன்.

பெங்களூரு, திசம்பர் 13, 2024.

இந்தப் புத்தகத்தை அணுகும் வழிமுறை

இது ஒரு தொகுப்பு; தொடரல்ல. ஒவ்வொரு அத்தியாமும் ஒவ்வொரு விதத்தில் இருக்கும். அதனால் ஒவ்வொரு அத்தியாயதுக்குள்ளும் உங்களை வரவேற்க ஒரு முகவுரைச் சிறுகுறிப்பு தெருநடையில் காத்துக்கொண்டிருக்கும். அதில், அந்த அத்தியாயத்தின் படைப்பு குறித்த வகைமையும், இயலும் வரையப்பட்டிருக்கும். அதைத் தொடர்ந்து ஒரு இரண்டு முதல் பத்து வரி குறிப்பு வரும். இந்தக் குறிப்புகள் அனைத்தும் சமூக வலைத்தளத்தில் 'அழுக்குச்சுவர் கிறுக்கல்கள்' மற்றும் 'பென்சில் கிறுக்கல்கள்' என்ற பெயரில் நான் எழுதிவந்த கவிதைத் (அப்படியும் சொல்லிக்கொள்ளலாம்) தொகுப்புகளிலிருந்து எடுக்கப்பட்டவை. அந்த அத்தியாயத்தின் முன்றிலிலிருந்து அதன் மையக் கருத்தின் உலகத்துக்குள் உங்களை அழைத்துச் செல்லும் பொறுப்பு இந்தக் கிறுக்கலுக்கானது. அதன் பின்னர்தான் அத்தியாயத்தின் படைப்பு தொடர்ந்து வரும். இறுதியாக அத்தியாயத்தின் பின் வாசலில் ஒரு பின்னுரையும் எழுதப்பட்டிருக்கும். அந்தப் பின்னுரை மூலமாக அந்த அத்தியாயம் எழுதப்பட்ட காரணம் விளக்கப்பட்டிருக்கும் அல்லது அடுத்த அத்தியாயத்துடன் இது உரசும் விதம் உணர்த்தப்பட்டிருக்கும்.

பி. கு. இந்தப் புத்தகம் ஒரு தொகுப்பென்பதால் இதன் அத்தியாயங்களை எந்த வரிசையில் வேண்டுமானாலும் படிக்கலாம். என்றாலும், தொகுக்கப்பட்டிருக்கும் வரிசையிலேயே படித்தால் ஒருவனின் கருத்தியல் பரிணாம வளர்ச்சி அடைந்த வழியை உணர எளிதாக இருக்கும். தொகுப்பின் சுவாரசியத்துக்காக, சில படைப்புகளைக் கொஞ்சம் முன்னும் பின்னும் மாற்றி பட்டியலிட்டிருக்கிறேன்.

1

தென்றலுக்கு மூச்சுமுட்டுகிறது

தெருநடை
படைப்பு: அனுபவக் குறிப்பு
வகைமை: பட்டறிவு
இயல்: சமூகவியல்

சென்னை வந்த புதிதில் இந்தப் பெருநகரம் என்னை நன்றாகவே வரவேற்று அரவணைத்தது. நகர வாழ்க்கையை நண்பர்களுடன் இணைந்து கடத்தி வந்த காலகட்டம். என்னுடைய இருபதுகளின் தொடக்ககாலம். எல்லவற்றுக்கும் ஆற்றல் உச்சத்தில் இருந்த வேளை அது. என் முழுநேர ஊடகப்பணி போக ஒரு தொண்டு நிறுவனத்தில் தன்னார்வலராக பணியாற்றிக்கொண்டிருந்தேன். அப்போது ஒரு நாள்.

முன்றில்

காலடியில் சிதறிக்கிடக்கும் விண்மீன்கள் தொலைநோக்கியில் தெரிவதில்லை!

- பென்சில் கிறுக்கல்கள் -

பிப்ரவரி 10, 2022

மூன்றாவது மாடியிலிருந்து என்றாவது நீங்கள் வீட்டுக்குவெளியே, சன்னல்வழியே எட்டிப்பார்த்ததுண்டா? பார்த்ததில்லையென்றால் உடனே பாருங்கள்.

நம் அலங்கோல வாழ்க்கையின் கடிவாளம் கட்டப்பட்ட ஓட்டத்தில், பார்வைக்கு அப்பால் என்னவெல்லாம் நிகழ்கிறது என்பதை நாம் பலமுறை கண்டுகொள்வதில்லை. இந்தப் பதிவு அப்படி கண்டுகொள்ளப்படாமலிருக்கும் சில நிகழ்வுகளைப் பற்றிய திறனாய்வை உள்ளடக்கியதே.

இமான் அண்ணாச்சி, "டேபிள் மேட் பக்கத்து வீட்டில் இருக்கிறது, மேல் வீட்டில் இருக்கிறது, கீழ் வீட்டில் இருக்கிறது" என்று நாள்தோறும் பத்து தொலைக்காட்சிகளில் நூறு முறை காட்சியளித்துப் பரப்புரை செய்கிறார். அவர் அப்படி கூறுவதால் அந்த பன்னோக்கு மேசை விற்பனையானதா இல்லையா என்று எனக்கு தெரியவில்லை ஆனால், அந்த விளம்பரம் இன்றைய நகர வாழ்வுச்சூழலை பெரிதாய் எதிரொலிக்கிறது என்பதை மட்டும் என்னால் உறுதியாய் உணரமுடிகிறது.

அண்மையில் நேர்ந்த அனுபவமொன்று. நேற்றைய முன்னாள் இரவில் உறங்க ஆயத்தமாகும் அதே சமயத்தில் சரியாக கைபேசி ஒலித்தது. நண்பன் ஒருவனின் அழைப்பு அது. எங்கள் நட்பு வட்டாரத்தின் இன்னொரு நண்பரின் தாயார் இயற்கை எய்திவிட்ட செய்தியைக் கூறினான்.

பலநாட்கள் கடும் நோயவதியிலிருந்தவர், அன்று மாலை உயிரிழந்தார் என்றான். உடனே புறப்பட்டோம். வடபழநியிலிருந்து கிளம்பி நங்கநல்லூரிலிருக்கும் அந்த நண்பரின் வீட்டிற்குச் சென்றோம். அவர் வீட்டை அடையும்போது மணி 11.30யை எட்டியிருந்தது.

நள்ளிரவை நெருங்கிக்கொண்டிருந்த நங்கநல்லூர் சாலைகளெல்லாம் அமைதியின் விளிம்பில் அடங்கிக்கிடந்தன. எண்ணெயிடப்படாத ஊஞ்சலின் சங்கிலி ஓசையைப்போல் ஆங்காங்கே ஒரு சில வீடுகளில் ஓடிக்கொண்டிருந்த தொலைக்காட்சி நிகழ்ச்சிகளின் ஒலிகள் மட்டும் அந்த அமைதியை பிளந்து பரவிக்கொண்டிருந்தன.

பிற கட்டடங்களெல்லாம் பெரும்பாலும் அடுக்குமாடி குடியிருப்புகளாகவே இருந்ததால் அவற்றிலிருந்து எந்த வித ஓசைகளும் எழவில்லை. அடுக்குமாடி ஓசைகள் உயரத்திலிருந்து சுரப்பதால் பெரும்பாலும் தரையைத் தொடும் முன் காற்றில் கரைந்துவிடுகின்றன.

நாங்கள் அங்கு செல்வதற்கு முன்பே எங்களின் சில பிற தன்னார்வல அமைப்பு நண்பர்கள் வந்திருந்தனர். அதுவும் ஒரு அடுக்குமாடி குடியிருப்புதான். அந்தக் குடியிருப்பின் தரைத்தளத்தில் அமைந்திருந்த அவர் உறவினர் வீட்டில்தான் அம்மாவை வைத்திருந்தனர்.

எங்கள் நண்பருடைய வீடு அதற்கெதிரே இருந்த வேறொரு அடுக்குமாடி குடியிருப்பின் உயர்த்தளங்களுள் ஒன்றில் அமைந்திருந்தது. அம்மாவை அன்றாடம் மருத்துவமனைக்கு அழைத்துச்செல்ல ஏதுவாக இந்த வீட்டில் குடியமர்த்தி வைத்திருந்தார். அம்மாவை அவ்வளவு பொறுப்புடன் பார்த்துக்கொண்டார். பலமுறை பல நிகழ்வுகளையும் தவிர்த்திருக்கிறார்.

அப்படிப்பட்ட ஒருவரின் துக்கத்தில் தான் அந்த ஒலி எங்களுக்கு அப்போது கேட்டது. அடுக்குமாடி குடியிருப்புகளிலிருந்து வெளிவந்து காற்றில் கரையாமல் தரையைத்தொட்ட ஒலி. 'பனிவிழும் இரவு' என்ற அந்த மெல்லிசைப் பாடலின் ஒலி. அந்தக் குடியிருப்பு வளாகமே கேட்டு ரசிக்கவேண்டும் என்ற ஈகைப்பண்பில் யாரோ இசைக்க, மூன்றாவது மாடியிலிருந்த ஒரு வீட்டிலிருந்து அந்த இளையராஜா பாடல் கேட்டது.

இரவு 10 மணிக்குமேல் ஒரு இளையராஜா பாடலைக்கேட்டு நான் வெறுத்தது என் வாழ்வில் அதுவே முதல்முறை. எங்களுக்கு முன் வந்திருந்த நண்பர்களிடம் கேட்டபோது, மாலையிலிருந்தே பாடல்கள் அந்த வீட்டிலிருந்து கேட்டுக்கொண்டிருப்பதாக கூறினர்.

ஏன் அவர்களுக்குத் தெரியாதா, கீழ் வீட்டில் அனைவரும் இழப்பிலிருப்பது? என்று கேட்டபோது, அவர்கள் கூறிய பதில் அதிர்ச்சியாகத்தான் இருந்தது. அந்தக் குடியிருப்பில் இருக்கும் எந்த வீட்டுக்காரரும் அப்போது வரை வந்து பார்க்கவில்லை என்றனர். சிலருக்கு தெரியாமல்கூட இருக்கலாம் என்றும் கூறினர்.

உடனே எங்களில் இருவர் மேலே சென்று அவரிடம் ஒலியளவைக் குறைக்கும்படி கேட்டோம். சூழ்நிலையை விளக்கி கோரிக்கை வைத்தபோது அவருக்கும் அது அதிர்ச்சியாகவே இருந்தது. கீழ் வீட்டில் ஒருவர் இறந்த செய்திகூட அறியாமல் இருந்திருந்தனர். எங்கோ அவர் நெஞ்சின் ஓரம் ஒதுங்கியிருந்த மனித உணர்வை எங்கள் கோரிக்கை வருடியதால் மன்னித்துவிடும்படி கேட்டுக்கொண்டு, பாடலை அமர்த்திவிட்டார்.

‘இதுவே ஒரு கிராமமாக இருந்தால்...’ என்று நான் எந்த ஒரு விளக்கத்தையும் துவக்க விரும்பவில்லை. சிற்றூர்களைப்போல நகரங்கள் இருப்பதில்லைதான். ஆனால், இங்கேவுள்ள குறையானது ஊரை நோக்கி எழுந்ததல்ல. அது மனிதர்களைப் பற்றியது; அவர்களின் உணர்வுகளைப் பற்றியது.

வாழ்வுக்கான பிழைப்போட்டதில், பொருள் ஈட்டவும் பணம் சேர்க்கவும் அதை வங்கியில் சேமிக்கவும் நம் முழு முனைப்பையும் காட்டும் வேகத்தில், நாம் பணத்தைச் சேர்த்து வைக்கும் அதே வங்கிக்கணக்கில் உணர்வுகளையும் பத்திரப்படுத்திவிட்டு, வெளியில் வெறும் குருதியும் சதையுமாக நடமாடிக்கொண்டிருக்கிறோம்.

இரவு மெல்லிசைப் பாடல்களைக் கேட்டு உணர்ச்சிகளின் முகடுகளில் அயர்ந்திருக்கும் நாம்தான் அடுத்த வீட்டின் இன்பத்துன்பங்களை இப்படி எளிதில் கடந்துவிடுகிறோம். எதிர்வீட்டுகாரர் பார்க்காத வண்ணம் வரவேற்பறையின் வாசற்கதவுகளை மூடிவிட்டு, முகம்தெரியாதவருக்காக முகநூலில் படுக்கையறையின் சன்னல் கதவுகளைத் திறந்தும் வைத்திருக்கிறோம்.

இப்படியிருக்கையில், பக்கத்து வீட்டில், எங்கோ தூரத்திலிருந்து வந்துகொண்டிருக்கும் உறவுகளுக்காக தன் இறுதி பயணத்தை தாமதப்படுத்திக்கொண்டு காத்திருக்கும் ஒரு இறந்த உடல் இருப்பதுமட்டுமல்ல, அந்த வீட்டில் டேபிள் மேட் இருப்பது கூட தெரியாமல்தான் இருக்கும்.

ஒருமுறை உங்கள் சன்னலுக்கு வெளியே எட்டிப்பாருங்கள், உங்கள் சுற்றம் உங்கள் உதவிக்காகவும் உணர்வுக்காகவும் காத்துக்கொண்டிருக்கிறது. அவர்களுக்கு உங்கள் கைகளை நீட்டுங்கள்.

அடுக்குமாடி குடியிருப்புகளில் வீடுகள் நெருக்கமாகவும் அதில் வாழும் மனிதர்கள் இடைவெளியோடும் வாழ்வை நடத்தும் சூழலில், அவர்களுக்கிடையே உணர்வுகள் நுழைவது கடினம்தான்.

உணர்வுகளில்லாத இந்த அடுக்ககங்களில் விழும் கதிரொளியும் இருளாய்த்தான் மண்டும், எழும் இளையராஜா இசையும் இரைச்சலாகத்தான் ஒலிக்கும், அங்கே வீசும் தென்றலுக்கும் மூச்சுமுட்டும்.

- சந்தோஷ் மாதேவன்,

சென்னை, சனவரி 4, 2018.

பின்வாசல்

பெருநகர வாழ்க்கை என்னை எப்படியெல்லாமோ மாற்றியது. இந்த நிகழ்வு நேர்ந்தபோது சென்னை என்றால் இப்படித்தான் இருக்கும் என்ற சிறுநகரவாசி சொல்லடாளுக்குள் நானும் அகப்பட்டேன். ஆனால் சில நாட்களுக்குப் பிறகு நான் குடியிருக்கும் அடுக்கு மாடிக்குடியிருப்பில் ஒரு மரணம் நிகழந்தபோது எங்கள் குடியிருப்பின் அத்தனை வீடுகளும் துக்கத்தில் ஆழ்ந்தது. சிக்கல் ஊரில் இல்லை. மனிதர்களிடத்தில்.

2

அவள் இட்ட ஆயிரம் முத்தங்கள்!

தெருநடை
படைப்பு: கட்டுரை
வகைமை: சுட்டறிவு
இயல்: கற்பியல்

எல்லோருக்கும் முதல் காதல், முதல் காதலி என்றால் ஒரு தனி சுகம் மூளும் என நினைக்கிறேன். சென்னை வந்தபோது நான் என் முதல் காதலியை விட்டு வெகு தொலைவில் இருந்தேன். அந்தப் பிரிவை ஆழமாக உணர்ந்த ஒருநாள்

மூன்றில்

எத்தனையோ முத்தங்கள்
பரிமாற்றியிருக்கிறோம்...
அந்த ஐந்நூற்றுப் பன்னிரண்டாவது
முத்தம் மட்டும்
முதல் முத்தம் போல்
அத்தனை தித்திப்பாய் இருந்ததேனோ???
- அழுக்குச் சுவர் கிறுக்கல்கள் -
அக்டோபர் 5, 2019

அவளைப் பிரிந்து நாட்கள் ஓடிவிட்டன. எங்களுக்குள் இருந்த தொடர்பு முற்றிலுமாக துண்டிக்கப்பட்டு, இப்போது அவள் என் வாழ்வில் மீண்டுமொரு அங்கம்வகிப்பாளா என்ற வினாவுக்கு விடையறியாது உலவிக்கொண்டிருக்கிறேன். இனியும் அவளுடன் இணைவதென்பது விகிதாச்சார அடிப்படையில் நிகழ்வது அரிது என்ற ஏக்கத்தில்தான் இதை எழுதுகிறேன்.

இப்போதெல்லாம் அவ்வப்போது அவளுடைய நினைவுகள் என்னைக் கடந்துசென்று கொண்டிருக்கின்றன. நாங்கள் சேர்ந்திருந்த அந்த அழகான நாட்களை, அவள்மீது நான் காமுற்றுத் திரிந்த காலங்களை, வேறுயாருமின்றி நாங்கள் மட்டும் தனியே இணைந்திருந்த உறக்கமில்லா இரவுகளை, வெப்பம் கடத்திய பகல்களை, என் மனம் நினைவுபடுத்திக்கொண்டே இருக்கிறது.

அவள் எனக்கு தாய்வழிச் சொந்தமில்லை, தந்தை வழியும் இல்லை. ஆனால் அவள் மீது நான் காதல் கொள்ளும் தருணத்தில் அவள் எனக்கு அறிமுகம் இல்லாதவளும் இல்லை. என் முதல் காதலி அவள். பிரிந்த பின்னும் காதல் துளியும் மாறவில்லை எனும் அளவுக்கு காதல் கொட்டிக்கிடக்கிறது. இன்னும் சொல்லப்போனால் காதல் அதிகரித்துக்கொண்டும் இருக்கிறது.

எப்போது அவளைக் காதலிக்கத் துவங்கினேனென்று தெரியவில்லை. கண்டவுடன் வந்த காதலும் அல்ல அது. பள்ளிப்பருவத்தில் தான் முதலில் அவளைச் சந்தித்தேன். கல்லூரி முடிந்து சில நாட்கள் வரை அவளுடன் உறவாடினேன். இவ்விரண்டு காலக்கோடுகளுக்கிடையே என்றோ ஒருநாள் எங்களுக்குள் காதல் உதித்திருக்க வேண்டும். வேடிக்கை என்னவென்றால், எனக்கு முன்பே அவள் என் மீது அன்பு கொண்டிருந்திருக்கிறாள் என்பதை நான் தாமதமாகத்தான் அறிந்தேன்.

உடன் சேர்ந்து ஊர் சுற்ற அவளிடம் பெரிதாய் ஒரு பிடிப்பு இல்லையென்றாலும், காவிரிக் கரையோரம் அவளுடன் களித்த காலங்களெல்லாம் போதும், என் காதலைச் சொல்லித்தீர்க்க. ஆனால், எத்தகனைக் காலம் கூறினாலும் தீராததும் கூட அந்தக் காதல் கதை. அந்த அகண்ட ஆற்றின் பாலத்தில் பலமுறை என் தனிமையில் தோள்சாயவும், துக்கத்தில் மடிசாயவும் இடம் கொடுத்தவள், அவள். காவிரியில் தண்ணீர் இல்லாதபோதுகூட எங்கள் காதல் மட்டும் என்றுமே பஞ்சத்தைப் பார்த்ததில்லை.

நினைத்துப்பார்த்தல், அவள் என்னை பள்ளிப்பருவத்திலிருந்தே அப்படிதான் அரவணைத்திருக்கிறாள். எனக்கு முன்பே அவள் என்னைக் காதலிக்கத்துவங்கிவிட்டாள். மகிழ்ச்சியில், துக்கத்தில், தனிமையிலென எப்போதும் உடனிருந்தவள், அரவணைத்தவள், தட்டிக்கொடுத்தவள், கட்டித்தழுவியவள், ஓராயிரம் முறையாவது முத்தமிட்டவள்.

ஆனால் எந்தக் காதலிக்கும் பொருந்தும் சில இயல்புகள் அவளுக்கும் பொருந்தியிருந்தது. எப்போது சூடாவாள், எப்போது மென்மையாவள் என்பதை அறிந்து அவளுடன் உறவாடவேண்டியிருக்கும். அவள் உணர்வுகளைப் புரிந்து ஒத்திசைப்பது கடினமென்றாலும், சூடாகும் போதுகூட அழகாய்த் தெரிபவள் அவள். அழகைத் தாண்டி அவளின் தூய்மை அவளை என்றுமே உயர்த்திதான் காட்டும். தூய்மைக்குப்பேர்போனவள். அந்த அழகுக்கும் தூய்மைக்குமே பலர் அவள் மீது காதல்கொள்வர். பகலில் அழகாகவும், இரவில் எங்கள் தனிமையில் இன்னும் அழகாகவும் தெரிபவள்.

அப்படிப்பட்டவளைத்தான் விட்டுவிலகி வந்துவிட்டேன். அவளை நான் பிரிந்திருப்பது இது முதல்முறையல்ல. கல்லூரிக்காலங்களில் பலமுறை அவளைவிட்டு நெடுநாட்கள் விலகியிருந்திருக்கிறேன். எனினும், அப்போதெல்லாம் அவளைத் தேடி மீண்டும் மீண்டும் ஓடி வந்துவிடுவேன்.

ஆனால், இப்போது நேர்ந்திருக்கும் இந்தப் பிரிவு கிட்டத்தட்ட நிரந்தரமானது. அவளை மீண்டும் சந்திப்பேனா என்று எனக்குத்தெரியவில்லை. ஒரு வேளை சந்தித்தாலும், நண்பர்கள், தெரிந்தவர்கள், என்று யாருடைய திருமணத்திலோ, அல்லது துக்க நிகழ்வுகளிலோ சந்திக்கும் சில நாழிகை சந்திப்பாகவே இருக்கும்.

எங்கள் பிரிவுக்கு நாங்கள் இருவருமே காரணமில்லை என்பதைதான் என்னால் ஏற்றுக்கொள்ள முடியவில்லை. நாங்கள் ஒருவரையொருவர் ஏமாற்றவுமில்லை. என் மீது கூட ஒரு சில தவறுகள் சாட்டப்படலாம். ஆனால் அவள் இறுதி வரை என்னைப் பிரிய நினைக்கவில்லை என்பது மட்டும் எனக்கும் உறுதியாய் தெரியும்.

மனம் படைத்த அவளைவிட்டு பணம் படைத்த ஒருத்தியை இப்போது கட்டாயத்தின் பேரில் கைப்பிடித்திருக்கிறேன். சூழ்நிலை அப்படி. அதனால் பணம் படைத்த இவளை நான் குறைகூறவும் இல்லை. இவளும் என்னை நன்றாகவே அரவணைக்கிறாள். முந்தையவளை மறக்கும் அளவுக்கு அன்பு காட்டவும் செய்கிறாள்.

ஆனாலும், முதல் காதலிக்கு கொடுக்கும் இடத்தை, மனம் யாருக்கும் மீண்டும் தருவதில்லை.

காரணம், எங்கள் காதல், உலகின் எந்த மொழியின் இலக்கியம் விவரிக்கும், சமூகம் அங்கீகரிக்கும் புணர்தல் விதிக்குள்ளும் உட்பாடாதது. அது இயல்பை மீறியது. சொற்களுக்குள் வசப்படாதது. எங்களுக்குள் இருந்த உணர்வுப்பரிமாற்றங்களும் உரையாடல்களும், இலக்கணத்துக்கு அப்பாற்பட்டது. அது மனிதனுக்கும் மனிதனுக்குமானதல்ல.

ஒரு மனிதனுக்கும் நகரத்துக்குமானது. என்னை வளர்த்த நகரம் அவள். என் அறிவின் முகடுகளைப் பட்டைத்தீட்டிய நகரம் அவள். என்னுடன் சேர்ந்து பரிணமித்த நகரம் அவள். அவள் பெயர் திருச்சி. என் முதல் காதலி!

- சந்தோஷ் மாதேவன்,

சென்னை, சனவரி 16, 2018.

பின்வாசல்

முழு சென்னைவாசியாக என்னை நானே மாற்றிக்கொள்வதற்கு முன் எழுதப்பட்ட கட்டுரை. அப்போதெல்லாம் ஒருமுறை திருச்சிக்கு சென்றுவந்தால் நன்றாக இருக்கும் என எண்ணாத நாளே இல்லை. இப்போதுகூட சென்னையில் எங்காவது TN-45, 48, 81 பதிவு எண் கொண்ட வண்டிகளைச் சாலையில் பார்த்தால், என் மனம் ஒரு சில நொடிகள் செயலிழக்கும். உண்மையிலேயே அவள்தான் என் முதல் காதலி.

3

அரசியல் ஒன்றும் விளையாட்டல்ல

தெருநடை
படைப்பு: கட்டுரை
வகைமை: பகுத்தறிவு
இயல்: அரசியல்

இனப்பற்றுக்கும் இனவெறிக்கும் இடையே உள்ள வேறுபாடுகளை நான் அறிந்துகொள்வதற்கு முன் ஒரு நாள்.

முன்றில்

வல்லூறுகள் ஆளும்
வானத்தின் கீழே
எலியைவிட எறும்பே வலியது!
- அழுக்குச் சுவர் கிறுக்கல்கள் -
செப்டம்பர் 8, 2019

முதலாம் உலகப்போர் நடைபெற்றுக்கொண்டிருந்த காலகட்டத்தில், ஜெர்மனி நாட்டின் பெர்லின் நகரில் நிகழவிருந்த 1916ஆம் ஆண்டுக்கான ஒலிம்பிக் போட்டிகள் நிறுத்தப்பட்டன. அதற்கு உலக நாடுகளின் தரப்பில் கூறப்பட்ட காரணம் நிதி பற்றாகுறையும், அடிப்படை கட்டமைப்புகள், வசதிகள் மற்றும் வளங்களுக்கான பற்றாக்குறையும் தான். நவீன ஒலிம்பிக் போட்டிகளின் வரலாற்றில், ஒரு நிகழ்வு தடைபட்டது, அதுவே முதல் முறையாகும். ஆனால் ஒரே முறையல்ல. ஏனென்றால், அந்த நிலை, இரண்டாம் உலகப்போரிலும் தொடர்ந்தது. ஆனால் இந்த முறை, நான்கு ஒலிம்பிக் போட்டிகள் தடைபட்டன.

கடந்த 1924ஆம் ஆண்டு முதல் குளிர்கால ஒலிம்பிக் போட்டிகளும் (Winter Olympics) நடைபெற்று வருகின்றன. அதனால், இரண்டாம் உலகப்போர் நடைபெற்ற 1939ஆம் ஆண்டு முதல் 1945 ஆண்டு வரை உள்ள இடைப்பட்ட காலத்தில் நடக்கவிருந்த 1940 மற்றும் 1944ஆம் ஆண்டுகளுக்கான, இரண்டு கோடைக்கால ஒலிம்பிக் போட்டிகளும், இரண்டு குளிர்கால ஒலிம்பிக் போட்டிகளும் தடைபட்டன. இதற்கும் அதே காரணம் தான் கூறப்பட்டது. போரில் முதலீடு செய்வதில் தீவிரம் காட்டிய உலக நாடுகளுக்கு, ஒலிம்பிக் போட்டிகளுக்கு தம் வீரர்களை ஆயத்தப்படுத்துவதற்கான வசதிகளிலும், அவர்களின் போக்குவரத்து, பாதுகாப்பு மற்றும் பயிற்சிக்கான வசதிகளிலும் முதலீடு செய்வதில் சிக்கல் இருந்தது. காரணம், நிதி மற்றும் வளப்பற்றாகுறை.

ஒலிம்பிக் போட்டிகளானது உலக நாடுகளின் அங்கீகரிக்கப்பட்ட தத்தம் விளையட்டு அமைப்புகள் அனைத்தும் இணைந்து, சர்வதேச ஒலிம்பிக் சங்கத்துடன் சேர்ந்து நடத்தும் ஒரு பன்னாட்டு, விளையாட்டு விழா என்பது நாம் அறிந்ததே. அதனால், இக்கட்டான காலக்கட்டங்களில் போட்டிகளை நிறுத்தமுடிந்தது. அதற்கு வீரர்களின் தரப்பிலும் பெரும் ஆதரவு இருந்தது.

இதற்கு மேலும் ஒரு உதாரணம், 1936ஆம் ஆண்டு திட்டமிடப்பட்ட மக்களின் ஒலிம்பிக் போட்டிகள் (People's Olympiad). அடால்ப் ஹிட்லரின் நாசி ஜெர்மனி தான் 1936க்கான ஒலிம்பிக் போட்டிகளை நடத்தியது. அந்தப் போட்டிகளை ஹிட்லர் நடத்துவதற்கான முகாமையான கரணமே நாசிக்களின் பலத்தையும் அதிகாரத்தையும் நிலைநாட்டத்தான். அதனாலேயே, அதை எதிர்த்து ஸ்பெயின் நாட்டின் காட்டலோனியா பகுதியின் தலைநகரமான பார்-

சிலோனாவில் நடத்துவதென முடிவெடுக்கப்பட்ட ஒரு பன்னாட்டு விளையாட்டுப்போட்டி தான் இந்த மக்களின் ஒலிம்பிக். அதற்கு பல உலக நாடுகளின் வீரர்களும், சோவித் ஒன்றியத்தின் ஜோசப் ஸ்டா-லின் போன்ற பெரும் தலைவர்களும் ஆதரவு தந்தனர். ஆனால், காட்டலோனியாவில் மூண்ட தனிக் காட்டலோனியா கோரிய மக்கள் புரட்சியினால் (Spanish Civil War 1936) அந்த மக்கள் ஒலிம்-பிக் போட்டிகளும் தடைபட்டது. இதற்கும் வீரர்களிடையே பெரும் ஆதரவு இருந்தது. காரணம் அது மக்களின் வாழ்வாதாரச் சிக்கல்.

காட்டலோனியாவில், இப்படிப்பட்டச் சூழல் இன்று வரை தொடர்கிறது. அண்மையில் பார்சிலோனாவில் நடைபெற்ற, ஒரு கால்பந்துப் போட்டியைக் காண, காட்டலோனிய மக்கள் யாரும் செல்லப்போவதில்லை என்று முடிவெடுக்கப்பட்டது. தங்கள் வாழ்-வாதாரம் மற்றும் உரிமைப் பிரச்சினையின் ஆழத்தையும், தங்கள் இனத்தின் மீது உண்மையான பற்றும் கொண்ட காட்டலோனிய மக்-கள், அதை நடத்தியும் காட்டினர், ஒருவர் கூட செல்லவில்லை. பார்சிலோனா நகரத்தின் கால்பந்து அணிமீது காட்டலோனியா மற்-றும் ஸ்பெயின் மக்கள் வைத்திருக்கும் பற்றும், அன்பும், ஆதரவும் உலகறிந்தது. அந்த அணி கால்பந்து ரசிகர்களிடையே உலக அளவில் புகழ்பெற்றதென்பது மட்டுமல்லாமல், என்னைப் போன்று கால்பந்து பற்றி அறிந்திராதவர்களும் அறிந்திருக்ககூடிய ஒரு சில அணிகளில் பார்சிலோனாவும் ஒன்று எனும் அளவுக்குப் புகழ்பெற்-றது.

இதில் வியப்பென்னவென்றால், காட்டலோனியா மக்கள் முன்-னெடுத்த இந்த போட்டிப் புறக்கணிப்புப் போராட்டத்துக்கு, பார்சி-லோனா வீரர்களும் முன்வந்து ஆதரவு தெரிவித்ததுதான். தங்கள் எதிர்காலத்தையும் பொருட்படுத்தாமல், தடையை மீறி, வீரர்கள் அனைவரும் தாங்கள் அணிந்திருந்த சீருடையில் கருப்புத் துணித்-துண்டொன்றை அணிந்திருந்தனர். காட்டலோனியாவின் சிக்கலை மீண்டும் ஒருமுறை உலகுக்கு எடுத்துறைத்ததில் இந்த நிகழ்வுக்கும் ஒரு பெரும் பங்கு இருந்தது. இதற்கு மேலும் வியப்பைச் சேர்த்தது, பார்சிலோனா அணியிலிருந்த நட்சத்திர வீரரான அர்ஜென்டினா-வைச் சேர்ந்த லியோனல் மெசியும் ஒரு கருப்புத் துணித்துண்டை அணிந்திருந்தது தான். மெசியின் ஆதரவு, போரட்டக்காரர்களுக்கு மேலும் ஊக்கத்தைக் கொடுத்தது.

இது போன்று இன்னும் பல உலக விளையாட்டு நிகழ்வுகளை மேற்கோள் காட்டலாம். உதாரணத்துக்கு 1939ஆம் ஆண்டு நடக்கவிருந்த நியூசிலாந்து உலக ரக்பீ போட்டிகள் உலகப்போரினால் நிறுத்தப்பட்டது, 1963ஆம் ஆண்டு நடக்கவிருந்த தென்கிழக்காசிய தீபகர்ப்பப் போட்டிகள் போதுமான பொருளாதார பலமில்லாமல் தடைபட்டது, 1996ஆம் ஆண்டு நடக்கவிருந்த உலகத் தொடர் (World Series Basketball) கூடைப்பந்துப் போட்டிகள், பொருளாதாரச் சிக்கல், வீரர்களின் போராட்டம் மற்றும் பாதுகாப்பின்மைப் போன்ற காரணங்களால் நடக்காமல் போனது, என பலவற்றைக் கூறலாம். இவையனைத்துக்கும் மக்கள் மற்றும் வீரர்களின் ஆதரவும் இருந்தது.

இதுவரை கூறிய விளையாட்டுகளில் பார்சிலோனாவில் நடைபெற்ற கால்பந்தாட்டப் போட்டிகளைத் தவிர மற்ற அனைத்துமே, உலக நாடுகளின் அரசுகள் நேரடியாகவோ அல்லது அவைகளைச் சார்ந்து இயங்கும் அமைப்புகளோ நடத்தக்கூடியவை. ஆனால், இந்திய ஒன்றியத்தைப் பொறுத்த வரை, இங்கிருக்கும், கிரிகெட் வாரியமோ(BCCI), அதன் கீழ் இயங்கும் ஐ.பி.எல்(IPL) நிறுவனமோ அரசின் அங்கமோ, அல்லது அரசைச் சார்ந்தவையோ இல்லை. இன்னும் சொல்லப்போனால், அவை இரண்டுமே தனியார் நிறுவனங்கள்.

இன்று ஐ.பி.எல் போட்டிகளுக்குத் தமிழகத்தின் தமிழ்த்தேசிய அமைப்புகள் மற்றும் கட்சிகளிடையே எழுந்திருக்கும் எதிர்ப்பானதை, நாம் மேலே கண்ட உதாரணங்களின் அடிப்படையில், மூன்று கோணத்தில் பார்க்கலாம். முதலாவதாக, பொருளாதார மற்றும் அடிப்படை வளங்களுக்கான பற்றாக்குறைச் சிக்கல் எழும்போது ஒலிம்பிக் போட்டிகளை உலக நாடுகள் சேர்ந்து நிறுத்தியதிலிருந்து துவங்குவோம்.

இன்று, தமிழகத்துக்கு நேர்ந்திருப்பதும் ஒரு அடிப்படை வளத்துக்கான சிக்கல் தான். அது நீர் வளச்சிக்கல். காவிரி நீர் உரிமை மறுக்கப்படும் சிக்கல். எப்படி உலக அளவில் வளப் பற்றாக்குறை நேர்ந்தபோது, பன்னாட்டு அரசுகளும் ஒலிம்பிக்கை நிறுத்தியனவோ, மாநில அளவில் இருக்கும் ஒரு வளப் பற்றாக்குறையைக் கருத்தில் கொண்டு, மாநில அரசு இந்தப் போட்டிகளைத் தடை செய்திருக்க வேண்டும். அதைச் செய்ய இந்த அரசுக்கு ஏன் தயக்கம் என்றே கேட்கத்தோன்றுகிறது. அதுவும் ஒரு தனியார் நிறுவனம் நடத்தும்

நிகழ்வைத்தடை செய்யக்கூட தைரியமில்லாத அரசா இது என்ற கேள்வியும் எழுகிறது.

ஒரு புள்ளியியல் படி, ஒரு ஒருநாள் அல்லது இருபது ஓவர் கிரி-கெட் போட்டி நடத்த கிட்டத்தட்ட 10 லட்சம் லிட்டர் உப்பற்ற தண்-ணீர் தேவைப்படுகிறது. சென்னையில் இந்த முறை நடக்கவிருக்கும் 7 போட்டிகளுக்கும் சேர்த்து 70 லட்சம் லிட்டர் தண்ணீர் அதா-வது 0.0024 டி.எம்.சி நீர் தேவைப்படுகிறது என்று வைத்துக்கொள்-வோம். இதைக்கொண்டு ஒரு 10 ஏக்கர் சம்பா பயிர் நிலத்தில் ஒரு நாளுக்கு 10,000 லிட்டர் விகிதத்தில் 70 நாட்கள் வரை நீர்பாய்ச்ச முடியும். அதாவது 120 நாள் சம்பா விளைச்சல் சுழற்சியில் பாதிக்-கும் மேல். இந்த நிலையிலிருந்தும் இச்சிக்கலைப்பார்க்க வேண்டியது அவசியம். இத்தனை சிக்கலிருந்தும் அரசு ஏன் போட்டியைத் தடை செய்ய முன்வரவில்லை. ஐ.பி.எல், பன்னாட்டு முதலாளிகளை உள்-ளடக்கிய நிறுவனம் என்பதாலா?

சென்னையில் தமிழ்த்தேசிய அமைப்புகள் போராட்டத்தைத் துவங்கியவுடன் ஐ.பி.எல் தலைவர் ராஜிவ் சுக்லா, இந்திய உள்-துறைச் செயலாளரைச் சந்தித்து, போட்டிக்குப் பாதுகாப்பு கோரு-கிறார். சந்திப்புக்குப் பின் சில நிமிடங்களில் தேசியப் பாதுகாப்புப் படை இங்கே போராட்டக்காரர்கள் மீது வன்முறைத் தொடுக்கிறது. போராட்டகாரர்களைக் கட்டுக்குள்ளும் கொண்டு வருகிறது. இதே போல் சாமானியர் ஒருவர் இந்நாட்டின் உள் துறைச் செயலரை நினைத்தவுடன் சந்திக்க முடியுமா? ஏன் நம் மாநில அமைச்சர் பெருமக்களாலாவது முடியுமா? ஆனால், உண்மையில் முதலமைச்-சரால் கூட முடியாதென்பதுதான் உண்மை.

காரணம், ஐ.பி.எல், பன்னாட்டு முதலாளிகளின் பணத்தையும், அறியாமையிலிருக்கும் கிரிக்கெட் ரசிகர்களின் அரசியல் பார்வை-யற்ற அறிவின்மையையும் முதலீடாகக் கொண்டு நடக்கும் ஒரு விளையாட்டுப்போட்டி. அதன் முதலாளியால், அரசு இயந்திரத்தில் எந்த காரியத்தையும் எளிதில் நகர்த்தமுடியும். அதனால், அரசு அதைத் தடை செய்ய முன் வராது.

அடுத்த படியாக வீரர்கள் தங்கள் எதிர்ப்பை தெரிவித்திருக்க-லாமே என்ற கேள்வியைக் கேட்கலாம். ஆனால், அவர்கள் என்றோ ஏலம் போய் விட்டனர். அதனால், அவர்களால் கண்டிப்பாக போட்-டிகளைப் புறக்கணிக்க முடியாது. ஆனால், ஒரு கருப்புத்துண்டுத் துணியைக்கூடவா, அணிந்திருக்க முடியாது?

காட்டலோனியாவுக்காக அர்ஜென்டினாவின் மெசி ஆதரவு தரும்போது, தமிழகத்துகாக ஏன் ஐ.பி.எல் வீரர்கள் செய்யக் கூடாது? தோனி, பிராவோ, ஹர்ப்பஜன், போன்று, காவிரிச் சிக்கலைப்பற்றி அறிந்திராத அல்லது கவலைக் கொள்ளாத வீரர்களை விட்டுவிடுங்கள். ஆனால் மானத்தமிழன் என்று கிரிக்கெட் ரசிகர்கள் மார்த்தாட்டிக்கொள்ளும் சென்னை அணியில் இருக்கும் பல தமிழக வீரர்களும் கூட முன்வரவில்லையென்றால் அவர்களுக்கு இனப்பற்றில்லை என்றுதனே கூறவேண்டும்?

ஆனால் அப்படியில்லை. உண்மையில் அவர்கள் இந்தப் போராட்டத்துக்கு ஆதரவு தெரிவிக்க வேண்டும் என நினைத்தாலும் அவர்களால் அது முடியாது. காரணம், அதே ஐ.பி.எல்லின் முதலாளிகள் தான். அவர்களை இன்று எதிர்த்தால், நாளை இந்திய அணியில் இடம் பெறமுடியாத சூழல் கூட ஏற்படலாம். அதனால், வீரர்களும் முன் வரமாட்டனர்.

மூன்றாவதாக சென்னையில் ஐ.பி.எல் பார்க்க மைதானத்துக்குச் சென்ற ரசிகர்கள். "இங்கே ஒவ்வொருவருக்கும் ஒரு சொந்த நிலைப்பாடு இருக்கும். உங்கள் நிலைப்பாட்டிலேயே அனைவரும் இயங்கவேண்டும் என நினைப்பது கருத்துத் திணிப்பு," என்பதே போராட்டக்காரர்களிடம் ரசிகர்கள் கூறும் முதல் காரணம். இரண்டாவதாக, அரசியலையும், விளையாட்டையும் ஏன் சேர்த்துப்பார்க்க வேண்டும் என்பது. இப்படிப்பட்ட முதிர்ச்சியற்ற வாதங்களே பல ரசிகர்களிடம் காணப்படுகிறது.

முதலில், ஒன்றை நாம் விளங்கிக்கொள்ள வேண்டும். நிலைப்பாடு என்பது, ஒருவரின் தனிப்பட்ட கருத்து. அது அரசியல், திரைப்படம், கிரிக்கெட் போன்று வெவ்வேறு தளங்களில் மாறுபடலாம். விஜயா? அஜித்தா? அல்லது, தோனியா? கோலியா? என்று வருவதற்குப் பெயர் தான் நிலைப்பாடு. ஆனால், காவிரிச் சிக்கலிலோ, கூடங்குளச் சிக்கலிலோ, மக்கள் எடுக்க வேண்டியது உரிமை மீட்புப் போராட்டம். அங்கே இரட்டை நிலைப்பாடென்ற பேச்சுக்கே இடமில்லை. அதனால் தான் காட்டலோனியாவின் அந்த கால்பந்து மைதானம் ஒட்டுமொத்த ரசிகர்களாலும் புறக்கணிக்கப்பட்டது.

இங்கே கிரிக்கெட்டா? காவிரியா? என்ற விவாதத்தில் காவிரி மட்டுமே ஒற்றை நிலைப்பாடு. கிரிக்கெட் என்றால், அது துரோகம். அப்படியென்றால், இன்று மைதானத்துக்குச் சென்று போட்டியைக் கண்ட அனைத்துத் தமிழர்களுமே துரோகிகள் தான். ஆனால்

அவர்களும் மனமறிந்து இத்துரோகத்தைச் செய்யவில்லை. மாறாக, செய்யவைக்கப்படுகின்றனர். ஐ.பி.எலுக்குப் பின்னால் ஒளிந்திருக்கும் அரசியலை அறியாமல், 'அரசியல் வேறு விளையாட்டு வேறு' என்று தொலைக்கட்சிகளுக்குப் பேட்டி கொடுப்பவர்கள், இந்த ஐ.பி.எலின் இயங்கியலால் அப்படி நம்பவைக்கப்படுகிறார்கள்.

காங்கிரஸ் ஆட்சி இருந்த வரை சோனியா காந்தியின் மருமகன் ராபர்ட் வதேராவின் டி.எல்.எப்(DLF) நிறுவனம் வழங்கி வந்த ஐ.பி.எல், பா.ஜ.க ஆட்சிக்குப் பின் பெப்சி, வீவோ, என்று பன்னாட்டு நிறுவனங்களால் வழங்கப்படுகிறது என்றால், ஐ.பி.எலில் அரசியல் இல்லாமலா இருக்கும். இது நமக்கு தெரியும் வெளிப்படையான சான்று. தெரியாதவை பல.

ஆனால் ரசிகர்கள், இதைப்பற்றி எல்லாம் சிந்திக்காமல் பார்த்துக்கொள்வதற்காகத்தான் தோனி, கோலி, சச்சின் போன்ற முன்னணி வீரர்களைக் கொண்டு இப்போட்டியைப் பிரபலப் படுத்துகிறார்கள். ஏன் மாநில அளவு வீரர்களுக்கு அவ்வளவு முகாமைத்துவம் கொடுக்கப்படுவதில்லை என்று ரசிகர்களைச் சிந்திக்க விடவும் மாட்டார்கள்.

இப்படி அரசு, வீரர்கள், ரசிகர்கள் என்று எந்தத் தரப்பும் ஆதரவு தராத போது, யார்தான் போராட முன் வருவர்? அப்படி இன்று வந்தவர்கள் தான், எஞ்சியுள்ள, இனப்பற்று கொண்ட தமிழ்த் தேசியவாதிகள். அவர்கள் இன்று ஒருநாள் சாலையை வழிமறித்து பொது வாழ்வுக்கு பங்கம் விளைவித்திருக்கலாம். இன்று ஒரு நாள் மட்டும் மைதானத்துக்குள் சென்ற ரசிகர்களை தடுத்து அடித்திருக்கலாம். அவர்கள் இன்று ஒரு நாள் மட்டும் மஞ்சள் ஆடையை தீயிலிட்டு கொளுத்தியிருக்கலாம். ஆனால், அவர்களுக்குத் தெரியும், இவையனைத்தும் ஒரு நாள் வலிதான், ஆனால் காவிரி உரிமை மறுப்பென்பது பின்வரப்போகும் பல தலைமுறைகளுக்கான வலி என்று.

மைதானத்தில் ஏறியப்பட்ட செருப்பை டூப்பிளஸிஸ் கையிலெடுத்துக் கொண்டு நிற்கும் புகைப்படத்தைக் காட்டி உலகம் உங்களிடம் விளக்கம் கேட்கலாம். அது உங்களுக்கு இன்று தலைகுனிவாகவும் இருக்கலாம்.

ஆனால், தேசிய ஊடகங்கள் கூட பேசத்தவறிய காவிரிச் சிக்கலை டூப்பிளஸிஸ் உலக ஊடகங்களிடம் கொண்டு சேர்த்திருக்கிறார் என்பதை மறந்துவிடாதீர்கள். அது வீரர்களை நோக்கி எறியப்பட்ட செருப்பல்ல, கிரிகெட்டை எதிர்த்து எறியப்பட்ட செருப்பல்ல,

புஷைப்போல, முஷரப்பைப் போல யாரையும் இழிவு படுத்த எறியப்பட்ட செருப்பல்ல. ஆனால், அது காவிரிச் சிக்கலை உலகின் கவனத்துக்கு இட்டுச்செல்ல எறியப்பட்ட செருப்பு, உலகின் மூத்த இனம் தன் அழிவைத் தானே முன் வரிசையிலிருந்து ஒரு கிரிகெட் மைதானத்தில் பார்த்துக் கொண்டிருக்கிறதென்ற செய்தியை உலகுக்கு உணர்த்திய செருப்பு. அது தலைகுனிவுக்கான செருப்பல்ல. தலையில் தூக்கிக் வைத்துக் கொண்டாட வேண்டிய செருப்பு.

நம் முன், காட்டலோனியாவும், ஒலிம்பிக் போட்டிகளும் உதாரணமாக உலாவிக்கொண்டிருகின்றன. அங்கு நேர்ந்ததுபோல் அரசோ, வீரர்களோ ஆதரவு தரவில்லையென்றாலும், கிரிக்கெட் ரசிகர்கள் நினைத்தால், கண்டிப்பாக இச்சிக்கல் வீரியமடையும், உலகைச் சென்றடையும். உங்கள் நேரம் தான் அவர்களின் வருவாய். ஒரு முறை ஐ.பி.எலைப் புறக்கணித்துப் பாருங்கள், அப்போது உணர்வீர்கள், இங்கே நடக்கும் அரசியல் ஒன்றும் விளையாட்டல்ல, ஆனால், இந்த விளையாட்டில் கண்டிப்பாக அரசியல் இருக்கிறது என்று.

- சந்தோஷ் மாதேவன்,

சென்னை, ஏப்ரல் 11, 2018.

பின்வாசல்

ஒரு அரசியல் நிலைப்பாட்டைப் பற்றி விவரிக்கும்போது அந்தக் கருத்தியலைத் திறனாய்வு செய்வதையோ அல்லது அந்தக் கருத்தியலை முன்னெடுக்கும் அரசியல் தலைவர்கள், செயற்பாட்டாளர்களைப் பாராட்டுவதையோ சாடுவதையோ விட்டுவிட்டு, மக்களைச் சாடுவது, ஒரு சரியான அரசியல் பார்வையாக இருக்காது என்பதை அறியாத ஒரு காலத்தில், அரைகுறை அரசியல் புரிந்துணர்வுடன் நான் எழுதிய கட்டுரை இது. ஆனால் இந்தக் கட்டுரைக்காக பல தரவுகளை சேகரித்து மிகவும் ஆழ்ந்து எழுதியது மட்டும் இன்னும் நினைவில் உள்ளது. தரவுகளில் மயங்கி நிலைபாட்டில் அரைவேக்காடாய் இருந்ததை உணர சில காலம் எடுத்தது.

4

சென்னைக்கு மிக அருகில்... செங்கல்பட்டில்

தெருநடை
படைப்பு: கட்டுரை
வகைமை: பகுத்தறிவு
இயல்: சமூகவியல்

விழித்துக்கொள் தமிழா என நான் கூச்சலிட்டுக்கொண்டிருந்த காலங்களில் ஒரு நாள்.

முன்றில்

சிறுத்தையைப் போல்
உறுமக் கற்றுக்கொண்டதாம் பூனை...
வேட்டையாடப்போவது என்னமோ
எலியைத்தான்!
- அழுக்குச் சுவர் கிறுக்கல்கள் -
செப்டம்பர் 14, 2019

குற்றங்களற்ற ஊரில் காவலர்களின் துணை தேவைப்படாது என்ற காரணத்துக்காகவே இங்கு மூடப்பட்ட காவல் நிலையங்கள் பல உள்ளன. அமைதியான சூழல், மகிழ்ச்சியான மக்கள் என நிரம்பியிருக்கும் தமிழ்நாட்டின் பல சிற்றூர்கள், காவல் நிலையங்களே இல்லாமலிருக்கின்றன. இது கொஞ்சம் விசித்திரமான சட்டம்தான். ஆனால், தருக்க அடிப்படையில் பார்க்கும்போது குற்றமில்லாத இடத்தில் காவல் நிலையம் தேவையில்லை என்பதே உறுதியாகிறது.

காவல்துறை மட்டுமின்றி, இது ஒரு அரசாங்கத்தின், அல்லது ஒரு ஊரின் எந்த ஒரு பொது சேவைத் துறைக்கும் பொருந்தும். திருச்சி, தஞ்சை போன்ற மாவட்டங்களில் உழவர்களுக்கென தனியாக ஒரு குறைதீர்க் கூட்டம் ஒவ்வொரு மாதமும் ஆட்சியர் அலுவலகத்தில் கூடும். வேளாண்மை பெரிதும் செய்யப்படாத மாவட்டங்களில் இத்தகைய குறைதீர்க் கூட்டங்கள் நடப்பதில்லையென்றே கருதுகிறேன். அதே போல், கடற்கரை மாவட்டங்களின் ஆட்சியர் அலுவலகங்கள் மீனவர்களுக்கென சில சிறப்பு நடைமுறைகளை மேற்கொள்ளுவதும் வழக்கம். இது அந்தந்த ஊர்களின் இயல்பின் அடிப்படையிலேயே மாறுகிறது.

அதாவது, ஒரு பொது சேவையானது, அந்த ஊரின் சூழலியல் அமைப்பு மற்றும் அந்த மக்களின் உளவியலைப் பொறுத்தே முகாமைத்துவம் பெறுகிறது. இந்தத் துணைக் கண்டத்திலேயே வாழைச்சாகுபடி அதிகமாகச் செய்யப்படும் திருச்சியில்தான் இந்திய ஒன்றிய அரசு, வாழை ஆராய்ச்சி மையத்தை நிறுவியுள்ளது. தமிழகத்துக் கடல்சார் ஆராய்ச்சிகளெல்லாம் பெரும்பாலும் சென்னை அல்லது தூத்துக்குடியில் தான் இன்றும் நடைபெறுகின்றன. இதெல்லாம் அந்த ஊர்களின் இயல்பினாலேயே அங்கே நிகழ்கின்றன.

இந்த இயல்பு, ஒரு ஆராய்ச்சி மையத்துக்கோ, பள்ளிக்கோ அல்லது கல்லூரிக்கோ மக்களை இட்டுச்செல்கிறதென்றால் அதை வளர்ச்சி என்று எடுத்துக்கொள்ளலாம். ஆனால், முதலில் கூறியதுபோல் ஒரு காவல் நிலையத்தில் போய் முடிகிறதென்றால், அச்சமூகத்தில் ஏதோ சிக்கல் இருக்கிறதென்றுதானே பொருள்?

அதேபோல், காவல் நிலையத்துக்குப் பதிலாக அதுவொரு மருத்துவமனையாக இருக்கும் சூழலில், அதை எப்படி எடுத்துக்கொள்வது? காவல் நிலையங்கள் தேவைப்படும் ஊரில் குற்றங்கள் தலைவிரித்து ஆடுகிறதென்றால், மருத்துவமனைகள் அதிகம் உள்ள ஊரில் நோய்களுக்குக் குறைவில்லை என்றுதானே பொருள்? அப்படியா-

னால் மருத்துவ வசதியில் செழிக்கும் ஒரு சமூகத்தை வளர்ச்சியடைந்த சமூகமாக ஏற்றுக்கொள்ள முடியுமா?

ஒரு நிலம் மற்றும் வீடு விற்பனை விளம்பரத்தை எடுத்துக்கொள்ளுங்கள். ஒரு பெரு நகரத்தின் எல்லைக்குச் சற்று வெளியே இடம்பெறும் ஒரு நிலத்தை விற்க, அருகிலிருக்கும் வசதிகளாக வானூர்தி நிலையம், தொடர்வண்டி நிலையம், பேருந்து நிலையம் என அவர்கள் பட்டியலிடும்போது அதில் கண்டிப்பாக ஒரு மருத்துவமனையும் சேர்ந்துவிடும். இது போன்ற தருணங்களில்தான் நாம் நம்முடைய உளவியலை நேரடியாக்கக் உணர்கிறோம். வாரம் முழுக்க வேலைக்குச் செல்லப் பயன்படும் பேருந்து அல்லது மின் தொடர்வண்டியின் வரிசையில் என்றோ ஒருநாள் நோய்க்கு மட்டும் தேவைப்படும் ஒரு மருத்துவமனை இடம்பெறும் ஒரு விளம்பரம்தான் இன்று நம் சமூகத்தின் உளவியல் சிக்கலை அப்பட்டமாகக் காட்டுகிறது.

துவக்கத்தில் கூறியதுபோல் ஒரு பொது சேவையானது சூழலியல் அல்லது உளவியல் சார்ந்தே எந்தவொரு சமூகத்திலும் தேவைப்படுகிறது. அதன் அடிப்படையில், மருத்துவமனைகள், ஏற்கனவே நம் வாழ்வின் ஒரு அங்கமாக நம் உளவியலுக்குள் கட்டமைக்கப்பட்டுவிட்டன.

ஆனால், உண்மையில் மருத்துவ சேவையானது, சூழலியல் மற்றும் புவியியல் அடிப்படையில் தான் ஒரு சமூகத்தில் அமையவேண்டும். இதற்கான உதாரணங்கள் ஒரு தலைமுறை முன்புவரை இங்கே உலவிக்கொண்டுதான் இருந்திருக்கின்றன.

எங்கள் ஊரில் இன்றுவரை கடலுயிரினங்கள் தான், குறிப்பாக மீன் தான் பரவலாக உண்ணப்படும் அசைவ உணவு. ஒரு 35 ஆண்டுகளுக்கு முன்புவரை எங்கள் ஊரில் சுப்பிரமணி என்று ஒரேயொரு அலோபதி மருத்துவர் தான் இருந்துள்ளார். பிறரெல்லாம் தமிழர்வழி அல்லது இன்று 'மரபுவழி' என்று புதிய பெயர்க்கொண்டுள்ள மருத்துவர்கள் தான். மீன் அதிகம் உட்கொள்ளும் ஒரு சமூகத்தில் அடிக்கடி வரும் ஒரு சிக்கல், தொண்டையில் முள் மாட்டிக்கொள்வது. இதற்காகவென்றே சுப்பிரமணி ஒரு மருத்துவக் கருவியைப் பயன்படுத்திவந்தார். கைக்கடிகாரத்தின் சங்கிலி இணைப்பைப்போல் வடிவம் கொண்ட அந்தக் கருவி, தொண்டைக்குள் சென்று குரல்வளை வரை சிக்கியிருக்கும் எந்த ஒரு சிறு பண்டத்தையும் எளிதாக உணவுக்குழாய்க்குள் தள்ளிவிட்டுவிடும்.

இப்போது, சூழலியலின் படி பார்த்தால், மீன் உண்ணாத ஒரு சமூகத்தில் இந்த மருத்துவக் கருவிக்கு வேலையில்லை. இவ்வளவு-தான் மருத்துவத்தின் தேவை. மீன் முள் துவங்கி புற்றுநோய் வரை இது அனைத்து மருத்துவச் சிக்கல்களுக்கும் பொருந்தும்.

இந்த நூற்றாண்டின் ஆரம்பக்கட்டத்தில் தெற்காசிய நாடுகளை நடுங்கச்செய்த சார்ஸ் நோய், தென்னிந்தியப் பகுதியில் மட்டும் எந்-தத் தாக்கத்தையும் ஏற்படுத்தவில்லை. சில ஆண்டுகளுக்கு முன் நாம் கண்டு அஞ்சிய டெங்கு நோய்க்கு நம் வீட்டு கழிவுநீர்ப் பாசனத்தில் விளைந்த பப்பாளி மரத்தின் இலைகள்தான் மருந்து என அலோபதியே ஒப்புக்கொண்டதல்லவா.

இந்நிலையில், நமக்கு சார்ஸும், டெங்குவும், சிக்குன் குனியாவும் சுட்டிக்காட்டுவது இதுதான் - மருத்துவம் என்பது சூழலியல் சார்ந்த-தது. அதற்காக பம்மல் கே சம்பந்தம் திரைப்பட வசனம் போல் ‘பாம்பேயில இருக்கும்போது மெட்ராஸ் ஐ வராது’ என்று பொருள் கொள்ள முடியாது. மும்பையில் இருப்பவருக்கும் சென்னையில் பரவும் இதே பார்வைக்கோளாறு ஏற்படும். எப்போதென்றால், இரு-வரின் வாழ்வியலும் ஒரே போன்றதாக மாறும்போது.

பிற எல்லா விலங்கினத்தைப் போலவும், மனித இனமும் பன்-முகத்தன்மைக்கொண்டது தான். பனிக்கரடிக்கும் பாண்டாக்கரடிக்கும் வெவ்வேறு வாழ்வியல்தான் இருக்கிறது. இரு இனத்துக்கும் வெவ்-வேறு உறைவிட, உணவு மற்றும் உறக்கப் பழக்கவழக்கங்கள் உள்ளன. அதனால்தான் அவையிரண்டும் வேறுபடுகின்றன. மனி-தனும் அப்படியானவன் தான். ஆனால், அவனை ஒரு ஓர்மைக்குள் அடைக்கும்போதெல்லாம் இப்படிப்பட்ட உளவியல் சிக்கலைச் சந்-திக்கிறான்.

ஒரே மதம், ஒரே மொழி எனக்கூறும் போது சினங்கொள்ளும் அவன், ஒரே வாழ்வியலுக்கு மட்டும் ஏனோ ஒத்திசைந்துவிட்டான். மும்பையிலிருப்பவரும், சென்னையிலிருப்பவரும், டோக்கியோவிலி-ருப்பவரும் ஒரே உணவை உட்கொள்ளும்போது, ஒரே போன்ற எரி-பொருள் புகையினால் மாசுபட்ட காற்றை உள்வாங்கும்போது, ஒரே தட்பவெப்ப நிலைக்கு தன்னைத்தானே குளிரூட்டிக்கொள்ளும்போது, இப்படி ஒரே நோயினால் அவதிப்படுவதொன்றும் வியப்பில்லை-தானே.

இதை வைத்துக்கொண்டு, உலகமயமாதல் கொள்கை வணிகத்-துக்கு வரமாக இருந்தாலும், வாழ்வியலுக்கு பங்கமாக இருக்கிறது

என்ற முடிவுக்கு நாம் வருவதும் ஒருவகை அறியாமையே. ஏனென்றால், அது நம் வாழ்வியலுக்குள் சிக்கல் ஏற்படுத்தப்படுவதே, வணிகத்துக்கு வரம் கிடைக்கத்தான்.

பல தரபட்ட மனிதர்களுக்கு ஒரே ஒரு சுப்பிரமணி மருத்துவர் என்ற நிலை மாறி, இன்று ஒரே வகை மனித வாழ்வியலுக்குள், கண்ணுக்கொரு சுப்பிரமணி, இதயத்துக்கு ஒரு சுப்பிரமணி, எலும்புக்கொரு சுப்பிரமணி என்று மருத்துவர்களைப் பல தரப்பட்டவர்களாக்கியது தான் அலோபதியின் சாதனை.

அம்மை நோய்த் தாக்கினால் வேப்பிலைக்கொண்டும், மஞ்சள் நீராட்டியும் குணமடையச்செய்யலாம். இது தமிழரின் மரபு வழி மருத்துவம். ஒருவேளை அமெரிக்க ஆராய்ச்சி மையத்தில் செயற்கையாக உருவாக்கப்பட்ட எபோலா தாக்கினால், எந்த வேப்பிலைக்கொண்டு உடல்நிலையை மீட்டெடுக்க முடியும்? இதுதான் இந்த உலகமயமாதல் தன் வணிகத்தின் வரத்துக்காக வாழ்வியலுக்குள் ஏற்படுத்தும் சிக்கல். அது நோய்களையும் உருவாக்கும், அதற்கான மருந்துகளையும், மருத்துவ வசதிகளையும், பல தரபட்ட மருத்துவர்களையும் சேர்த்தே உருவாக்கும்.

கண் பார்வைக்கோளாறுக்குக் கண் மருத்துவரை அணுகுவது மட்டுமே ஒரே தீர்வு என்ற நிலைக்கு நாம் தள்ளப்பட்டுவிட்டோம். இதற்கு இந்த உலகமயமாதல் நம் உளவியலுக்குள் செய்த மாற்றங்களே காரணமாகின்றன. நம் நிலத்துக்கான உணவையும், நம் வாழ்வியலையும் சார்ந்தே நம் அன்றாடம் இருந்திருக்குமேயானால், இந்த சிக்கல்களே நமக்கு நேர்ந்திருக்காது.

அப்படிப் பார்த்தால், இங்கு அலோபதி மருத்துவத்துக்கு மாற்றென்று நாம் கூறவேண்டியது மரபுவழி மருத்துவமல்ல, அது மரபுவழி வாழ்க்கைமுறை. அந்த வாழ்க்கை முறைக்குள் மகப்பேறு முதல் காடாற்று வரை எவையெல்லாம் அடங்குமோ அவைகளையெல்லாம் நோக்கி நாம் திரும்பவில்லையென்றால், இன்னும் சில நாட்களில் வலப்பக்கக் கண்ணுக்கொரு சுப்பிரமணியென்றும், இடக்கண்ணுக்கு ஒரு சுப்பிரமணியென்று கூட அலோபதி முறைகள் பரிணாம வளர்ச்சியடைய வாய்ப்புள்ளது.

எங்கள் ஊரில் தெருவுக்கொரு மருத்துவமனை இருக்கிறதென்பது பெருமையல்ல. அத்தனை நோய்கள் உங்களைச் சுற்றி இருக்கின்றன என்பதற்கான அறிகுறி. நீங்கள் சென்னைக்கு மிக அருகில், செங்கல்பட்டில் வீடுவாங்கி குடிபெயர்ந்து போகும்போது, மருத்துவமனை

உங்களுக்கு அருகே இருக்கவேண்டியதில்லை. ஆனால் உங்கள் வீட்டின் சமையலறையிலும், உங்கள் சூழலியலிலும் தான் உள்ளது என்ற எண்ணம்தான் மரபுவழிக்குத் திரும்புவதற்கான முதல் அடி.

- சந்தோஷ் மாதேவன்,

சென்னை, ஆகத்து 6, 2018.

பின்வாசல்

அச்சு ஊடகத்தில் பணியாற்றிக்கொண்டிருந்த காலத்தில் பல தனி-யார் அலோபதி மருத்துவமனைகளின் பத்திரிகையாளர் சந்திப்புக்குச் சென்றுவருவேன். அப்போதெல்லாம் அவர்கள் தங்கள் மருத்துவ-மனை குறித்து மேற்கொள்ளும் மக்கள் தொடர்பு மற்றும் விளம்பர முயற்சிகளைப் மீண்டும் மீண்டும் பார்த்து சலித்து எழுதிய கட்டுரை. மருத்துவ முதலாளிகளைக் குறைகூறுவதைவிட்டு மருத்துவத்தையே சாடியிருக்கிறேன் என்ற அவலம் பின்னாட்களில்தான் புலப்பட்டது.

5

அவர்களெல்லாம் சுவர்கள்தான்

தெருநடை

படைப்பு: அனுபவக் குறிப்பு

வகைமை: பட்டறிவு

இயல்: சமூகவியல்

கொஞ்சம் கொஞ்சமாக சமூகத்தின் பல முகமூடிகளையும் அவற்றின் பின்னாலிருந்த முகங்களையும் அறியத்தொடங்கிய வேளையில் ஒரு நாள்.

முன்றில்

'Visitors Vehicles are not Allowed'
என்பதில் தொடங்குகிறது
அடுக்குமாடி விருந்தோம்பல்...
- அழுக்குச் சுவர் கிறுக்கல்கள் -
அக்டோபர் 3, 2019

ஒரு குற்றத்தால் பாதிக்கப்பட்ட ஒருவருக்கு அந்த பாதிப்பைவிட பெரும் வலியைத் தருவது, அதனைத் தொடர்ந்துவரும் ஊர்ப்பேச்சு. 'ஒவ்வொரு வாயிலும் ஒற்றை நாக்கு... உலகின் வாயில் ரெட்டை நாக்கு', என யாரோ சொல்லிக்கேட்டிருக்கிறேன்.

ஒரு குற்றத்தின் பின்னணியில் பல கதைகள் இருக்கலாம். அதில் சில கதைகள் மெய்யாகவும் இருக்கலாம். ஆனால், அது பாலியல் குற்றத்துக்குப் பொருந்துமா என்றால், அந்த கேள்வியே குதர்க்கம். காம வெறியைத் தவிர பாலியல் வன்கொடுமைக்கு வேறு என்ன காரணம் இருந்துவிடப்போகிறது. ஆனால் இந்த இரட்டை நாக்குக் கொண்ட ஊருக்கு எதுவும் விதிவிலக்கில்லை.

இன்று காலை அயனாவரத்தின் கட்டமைப்பு வளர்ச்சி அடைந்த பகுதியொன்றில் நாகரீக வளர்ச்சியடையாத மனிதர்கள் சிலரைச் சந்தித்தேன். இவர்கள் அனைவரும்தான் முன்னர் கூறிய அந்த இரண்டாவது நாக்கு.

கடந்த இரண்டு நாட்களாகச் செய்தித்தாள்களின் தலைப்புகளையும், தொலைக்காட்சிகளின் அண்மைச்செய்திக் கட்டங்களையும் நிரப்பிக்கொண்டிருக்கும் அந்த கொடுஞ்செயலைப் பற்றி அறிவீர்கள் என நம்புகிறேன். அயனாவரத்தில் கிட்டத்தட்ட 300 வீடுகள் இடம்பெறும் ஒரு அடுக்கக வளாகத்தின் பராமரிப்பு மற்றும் பாதுகாப்பு ஊழியர்கள் 22 பேர் சேர்ந்து ஏழு மாதமாக அங்கே வசித்து வந்த 12 வயது செவித்திறன் குறைபாடுடைய சிறுமி ஒருத்தியை மாறி மாறி பாலியல் வன்புணர்ச்சிக்கு ஆளாக்கிய செய்தி அது.

பொதுவாக திரைப்படம் அல்லது கல்வி சார்ந்த செய்திகளைத்தான் அதிகமாக நான் எங்கள் செய்தித்தாளுக்குத் தருகிறேன். குற்றவியல் செய்திகளெல்லாம் தருவதற்குத் தனியாக ஒரு நிருபர் பணிபுரிகிறார். இருந்தும் இந்தச் செய்தியைப் பற்றிய கூடுதல் தகவல்களைச் சேகரிக்க நான் இன்று சம்பவ இடத்துக்கு அனுப்பப்பட்டேன். சாதாரணமாக, பாலியல் கொடுமைகளைப் பற்றி செய்தித்தாளில் வாசித்தாலே அது அன்று முழுக்க என்னை உறுத்திக்கொண்டே இருக்கும். இன்று என்னை இதற்கு நியமித்ததுமே எனக்குள் ஏனோ பதட்டம். இருந்தும் மனதைக் கல்லாக்கிக் கொண்டு அயனாவரத்துக்கு விரைந்தேன்.

பொதுவாகவே செய்திச் சேகரிப்பின்பொது யாரிடமும் வாக்குவாதத்தில் இறங்கியதில்லை. சக செய்தியாளர்கள் பலர் வேலைக்கு இடையூறாக இருப்பவர்களிடம் கடிந்துகொண்டதுண்டு. நான் பெரும்-

பாலும் இச்சண்டைளைத் தவிர்த்தே இருக்கிறேன். ஆனால், இன்று என்னையும் மாற்றிவிட்டனர் அந்த இரட்டை நாக்குடையோர்.

நான் உட்பட, சில செய்தியாளார்கள் அந்த அடுக்கக வளாகத்தின் நுழைவு வாயிலை அடைந்தபோது, அந்தக் கட்டடக் காட்டுக்குள்ளிருந்து சில பரிணாம வளர்ச்சியடையாத, பார்ப்பதற்கு மனிதர்களைப் போலவே இருந்த சிலர் வெளியே வந்தனர். "அந்த பொண்ணு மெண்டலி இல்லுங்க," என்றபடி ஒரு 45 வயது மதிக்கத்தக்க ஒரு பெண்மணி வெளியே வந்தார். அது உண்மையா பொய்யா என்ற விவாததுக்குள் செல்வதற்கு முன், எனக்கெழுந்த கேள்வி, "மனவளர்ச்சி இல்லனா என்ன? செஞ்சிருக்கிறது பாலியல் குற்றம்," என்றேன்.

நாங்கள் அங்கே எதற்காகக் கூடியிருக்கிறோம் என்பதைக்கூட தெளிவாக அறிந்துகொள்ளாமல், அவர் எங்களை நோக்கி, "உள்ள எல்லாம் வரக்கூடாது," என்று ஆதிக்கத் தொனியில் கூறினார். முதலில், பாலியல் குற்றம் குறித்த செய்தியைப்பற்றி எழுதும்போது, பாதிக்கப்பட்டவர் தொடர்பாக எந்தவொரு தகவலையும் தரக்கூடாது. அவர் பெயர், பெற்றோர் பெயர், பள்ளி/கல்லூரி பெயர், புகைப்படம் என எதுவும் வெளியிடக்கூடாது. அதிகபட்சம், சம்பவ இடத்தையோ, ஊரையோ மட்டும் குறிப்பிடலாம். இப்படியிருக்கையில், ஒருவேளை அவர்களே எங்களை அனுமதித்திருந்தாலும் நாங்கள் உள்ளே செல்வதால் எங்களுக்கு ஒரு பயனுமில்லை.

நான் அங்கே சென்றது, அந்த அடுக்கக வளாகத்தின் அமைப்பு, அதில் வசிக்கும் பிற மக்களின் கருத்து, அந்தப் பகுதி மக்களின் எதிர்வினை என, பலதரப்பட்ட தகவல்களைச் சேமிக்கத்தான். அது தொடர்பாக, அந்த வளாகத்தின் வாயிலுக்கு அருகில் சென்று அங்கிருந்த ஒரு பணியாளர் ஒருவரிடம் பேசியபோதுதான் இவர் வெளியே வந்தார்.

அப்போது, நான் அவரிடம், "நாங்க உள்ள எல்லாம் வரல. இப்போ என்ன நிலவரம்னு கேக்கதான் வந்தோம் என்றேன்."

உடனே அவர், "அதெல்லம் உங்களுக்கு எதுக்கு. இவ்வளோ நாள் இந்தப்பக்கம் வந்ததே இல்ல. இன்னிக்கு ஒரு பிரச்சனைனதும் வந்துட்டீங்களா?" என்றார்.

ஒரு நொடி எனக்கொன்றும் புரியவில்லை.

"அம்மா அது தான் எங்க வேல. நீங்க யாரு இதெல்லம் கேக்குறதுக்கு?" என்றபடி கதவருகே சென்றேன்.

அதற்கு, "நான் அட்வக்கேட். இங்க தான் என் வீடு. இப்படியெல்லாம் வந்து நீங்க தொல்ல பண்ணாக் கூடாது. இது எங்க ப்ரிமைசெஸ்."

எனக்குக் கோபம் உச்சிக்கு ஏறியது. "ஏன்மா, ஏழு மாசமா இங்க தப்பு நடந்திருக்கே அப்போலாம் இது உங்க ப்ரிமைசெஸா தெரியலையா?" என்று அதே கோபத்துடன் கேட்டேன்.

உடனே என்னருகில், கதவுக்கு வெளியே நின்றுகொண்டிருந்த ஒரு பெண், "அதான, ஏழு மாசமா இருக்குற அயோக்கியனயெல்லாம் உள்ள அனுமதிச்சிட்டு, இப்போ கதவ மூடி என்ன ஆகபோகுது," என்றார்.

அதற்கு அந்த வழக்கறிஞர், "நீங்க உள்ள வந்தா பொண்ணு பேரு, போட்டோலாம் போட்டுருவிங்க. அது போக்சோ ஆக்ட் (POCSO Act) படி விதிமீறல் தெரியுமா?" என்றார்.

உடனே என்னுடன் நின்றுகொண்டிருந்த அந்தப் பெண்மணி, "நீங்க சொல்ற போக்சோ சட்டத்த போராடிக்கொண்டு வந்ததே நாங்கதான். எங்ககிட்டலாம் ஒன்னும் சட்டம் பேசிட்டு இருக்காதிங்க," என்று கனத்த குரலில் பதில் கூறினார்.

அப்போதுதான், அவர் அகில இந்திய மாதர் சங்க உறுப்பினர் என்றே நான் உட்பட, அங்கிருந்த பலருக்குத் தெரிந்தது.

எங்களிடம், வாதிடமுடியாது கொஞ்சம் கொஞ்சமாக அந்த வழக்கறிஞர் உள்ளே சென்று வேறு ஒரு ஆணிடம் எங்களைக் கைகாட்டி அனுப்பிவைத்தார். அவர் வேகமாக எங்களை நோக்கி வந்து, "ஏங்க உங்களுக்கு ஒரு தடவ சொன்னா புரியாதாங்க?" என்றார்.

"என்ன புரியணும்?" என்றேன்.

"இங்க அந்த ஒரு பொண்ணு இல்லாம, இன்னும் நூத்துக்கணக்கான பொண்ணுங்க இருக்காங்க. அவ்வள்ளோபேரு லைப்பும் இருக்குல? உங்க பிளாட்டுக்குள்ள இப்படி வெளியாள விடுவீங்களா?" என கேள்விக் கணைகளைத் தொடுத்தார்.

அப்போதுதான் அது எனக்கே புரிந்தது. இந்த போக்சோவுக்கெல்லாம் மேலாக ஒரு சட்டம் இருக்கிறதே. அந்தச் சட்டம்தான் அவர்களுக்கு முதல் தலைவலி. தன்னலச்சட்டம். எங்கே, இந்த செய்தி வெளிவந்து, தன் பெண்ணின் பெயருக்கு ஏதும் பாதிப்பு வந்துவிடுமோ என்ற தன்னலம். அது இருப்பதில் தவறில்லை. ஆனால், அவர் அதன்பின் கூறியவைதான், அந்த தன்னலத்துக்கெல்லாம்

உச்சம்.

"நாங்க உள்ள வரதுக்காக கேக்கல. ஒரு ரெண்டு நிமிசம் நீங்க வெளிய வந்து அந்த சம்பவத்தப் பத்தி சொல்லுங்க," என்றதும், அவர் வெளியே வந்தார்.

"அந்த பொண்ணு டிரக் அடிக்ட் சார். போதையிலதான் கூட போயிருப்பா. இவ்வளவு நாள் சொல்லாம மறச்சவதான," என்றார்.

அதற்குமேல் அவரிடம் என்ன பேசுவதென்றே தெரியவில்லை. அவர் பெயர் என்னவென்று கேட்டதற்கு, "அதெல்லாம் எதுக்கு. அதான் நீங்க கேட்டதுக்குப் பதில் சொல்லிட்டேன்ல," என்றபடி உள்ளே சென்றுவிட்டார், கதவுக்குள் இருந்தவரை ஒரு நாக்கும், வெளிய வந்தவுடன் வேறு நாக்கும் கொண்ட அந்த மாமனிதர்.

குழப்பத்தில், அங்கு நின்றுகொண்டிருந்த ஒரு காவலரிடம் சென்று இதைக் கூறியபோது, "அதெல்லாம் ஒன்னும் இல்ல சார். அந்த பொண்ணு வீட்டுல தனியா இருக்கும்போது இங்க வேல பாத்-துட்டு இருந்தவனுங்க தான் ஒவ்வொருத்தனா போயிருக்கானுங்க. அவனுங்கதான் அந்த பொண்ணுக்கு போத மருந்த குடுத்து மயக்க-மாக்கி அடிக்கடி கொடும பண்ணியிருக்காங்க. இதெல்லாம் வீடியோ எடுத்து மிரட்டினதுனால அவ வீட்டுல சொல்ல பயந்து ரொம்பநாள் மறச்சிருக்கா. இப்போ அவ அக்கா டெல்லியில இருந்து இங்க வந்-தப்போ அவங்ககிட்ட பொறுக்கமுடியாம சொல்லி அழுததுனாலதான் இந்த விசயம் வெளிய வந்துச்சு," என்று அந்த பாதிக்கப்பட்ட சிறுமி வாக்குமூலத்தில் கூறியதைச் சுருக்கி விளக்கினார்.

தன்னை இருபதுக்கும் மேற்பட்டோர் ஏழு மாதமாக பாலியல் கொடுமை செய்துவந்துள்ளனர் என்பதை அவள் வெளியே கூற, பல்லாயிரம் மைலுக்கு அப்பாலிருந்து அவள் அக்கா வருவதற்காக காத்துக்கொண்டிருந்திருக்கிறாள் என்றால், இங்கே பழி யார்மீது சுமத்தப்பட வேண்டும்?

சென்னை போன்ற நகரமயமாக்கலின் முகடுகளில் இருக்கும் ஊர்களில் இது போன்ற குற்றங்கள் பெருகிக்கொண்டே வரும் ஒரு கால நிலையில் நாமிருக்கிறோம். இன்னமும், தன் பெற்றோரிடம் கூட ஒரு பெண் தனக்கு நேரும் வன்முறையை பகிர்வதற்கு அஞ்சும் கால நிலையிது என்பதே பெரும் அவலம்.

அடுக்ககங்கள் உறவு முறைகளை மாற்றியமைத்திருக்கும் இது-போன்ற பல நிகழ்வுகளை நாம் நாள்தோறும் கடந்துபோகிறோம் என்ற தெளிவாவது நமக்குத் தேவைப்படுகிறது.

இதுபோன்ற அடுக்ககங்களில் பல பாலியல் வன்கொடுமைகளுக்கு ஆளான பெண்களின் ஓலங்கள், நான்கு சுவற்றுக்குள் அடைபட்டுக் கிடக்கின்றன. அந்த வழக்கறிஞராகட்டும், பின் வந்த அந்த ஆணா-கட்டும், அவர்கள் எல்லாம், எங்கும் நிரம்பியிருப்பவர்கள்தான். உங்-கள் வீட்டு வாசலுக்கு வெளியே எட்டிப்பார்த்தாலே அவர்கள் நடமாட்டம் உங்கள் கண்களுக்குப் புலப்படும். அவர்கள் அனைவ-ருமே தன் வீட்டின் சுவற்றுக்குள் இதுபோன்ற சிக்கல் வந்துவிடக்-கூடாது என்பதில் கவனமாக இருக்கிறார்களே தவிர உங்கள் வீட்டு துன்பத்தில் பங்கெடுக்க முன்வரமாட்டனர்.

முன்னூற்றுக்கும் மேல் வீடுகள் ஒட்டி அடுக்கப்பட்ட அந்தக் கட்-டடக் காட்டுக்குள் ஒருவரேனும், இந்தப்பெண்ணுக்கு நேர்ந்த வன்மு-றையை அன்றே அறிந்திருந்தால் இன்று பிடிபட்ட அந்த 24 காட்-டுமிராண்டிகளும், என்றோ சிறைபட்டிருப்பார்கள்.

ஒருவேளை அந்தப் பெண் கதறி இவர்களை அழைத்திருக்கலாம். அவள் வாய்த்திறந்து கதறியபோது, இவர்கள் கதவுகளெல்லாம் முடி-யிருந்தனவோ என்னவோ? உண்மையில், அந்த நான்கு சுவற்றுக்-குள் அவள் அனுபவித்த துயரத்தின்போது இவர்களனைவரும் ஐந்-தாவது சுவராகத்தான் இருந்திருக்கின்றனர். அப்படியானால் முதல் குற்றவாளிகள் இந்தச் சுவர்களே.

- சந்தோஷ் மாதேவன்,

சென்னை, சூலை 17, 2018.

பின்வாசல்

எத்தனையோ செய்திச் சேகரிப்பின்போது, எத்தனையோ அனுபவங்கள் கிடைத்திருக்கின்றன. ஆனால், இந்த அனுபவம் கொஞ்சம் நெருடலானது. ஏனோ இதைப் பதிவு செய்யவேண்டும் எனத் தோன்றியது. பல வகையான சமூக செயற்பாட்டாளர்கள், ஊடகவியலாளர்களுடன் உரையாடத் தொடங்கி நானும் கொஞ்சம் கொஞ்சமாக மாறிவந்த காலம்.

6

எனக்கு என்றுமே அக்ஷை தான் லேட் கம்மர்

தெருநடை
படைப்பு: திரைப்படத் திறனாய்வு
வகைமை: சுட்டறிவு
இயல்: களவியல்

காதலற்றுக்கிடந்த காலங்களில், தனியமையின் பிடியில் சிக்கித் தவித்த வேளையில் ஒருநாள்.

முன்றில்

அந்த மரம்...
நாற்காலியாகியிருக்கலாம்
மேஜையாகியிருக்கலாம்
கதவாகியிருக்கலாம்
சவப்பெட்டியாகக்கூட மாறியிருக்கலாம்...
ஆனால் அது பென்சிலாகிவிட்டது
- அழுக்குச் சுவர் கிறுக்கல்கள் -
செப்டம்பர் 7, 2019

காலத்தை நிறுத்திவைக்கும் வல்லமை கொண்ட ஒரே கலை நிழற்படக்கலை மட்டும் தான் என்பது ராமின் கருத்து. அவனும் ஒரு நிழற்படக் கலைஞன் தான். இன்னும் சொல்லப்போனால் தன் வாழ்க்கையையே நிழற்படக்கலையோடு ஒத்துப்போகும் வழியில் தான் வாழ்கிறான். ஆம், அவனுடைய காலமும் தன் ஜானுவை விட்டு வந்த 1994லேயே நின்றுவிட்டது. ஆனால், இன்றுவரை அவனுக்கு அவள் மீது அப்போதிருந்த காதல் துளியும் மாறவில்லை.

ஜானுவுக்கும் அப்படித்தான், காதல் மாறவில்லை. ஆனால், ராமைப்போலில்லாமல் காலம் அவளுக்கு உறையாமல் ஓடிக்கொண்டே இருந்துள்ளது. ஒருமுறை அவனிடம் கேட்கிறாள், "ரொம்ப தூரம் போய்ட்டியா ராம்?". ஆனால் அவனோ, "உன்ன எங்கவிட்டேனோ அங்கயேதான் நின்னுக்கிட்டு இருக்கேன் ஜானு," என்கிறான். காலம் அவன் வாழ்க்கையை நிழற்படமாக்கிவிட்டது. காதலும்தான்.

இப்படியாக பிரேம்குமாரின் '96' திரைப்படம், நமக்கு நம்முடைய காலம் உறைந்துபோன ஒவ்வொரு நொடியையும் தன் காட்சிகளால் நினைவுபடுத்திக்கொண்டே துவங்கி முடிகிறது.

என்னுடையை பள்ளிப்படிப்பை நான் முடித்தது 2011ஆம் ஆண்டில். அதற்குப்பின் ஏழு ஆண்டுகள் கடந்தும்விட்டன. இடையில் நான்காண்டுகள் பொறியியல், மூன்றாண்டுகள் ஊடகத்துறை என்று பல நண்பர்களை கண்டு உறவாடியாயிற்று. ஆனால் இன்று கூட 'late comer' என்ற சொல்லைக்கேட்டால் என் பள்ளி நண்பன் அக்ஷை தான் நினைவுக்கு வருவான். எனக்கு மட்டுமல்ல, என்னுடன் 11 மற்றும் 12ஆம் வகுப்பு படித்த பெரும்பாலானோருக்கு அவன் மட்டும் தான் முத்திரை குத்தப்பட்ட லேட் கம்மர்.

இத்திரைப்படத்தில் வரும் அந்த வாட்சாப் குழு உரையாடல் காட்சியில் ராமை புதிதாக இணைக்கும்போது, ஒருவர் "வாடா லேட் கம்மர்" என்று வரவேற்பார். அப்போது அக்ஷைதான் என் கண்முன் வந்து சென்றான். அந்நொடியில் தான் உணர்ந்தேன், லேட் கம்மர் என்ற சொல்லுக்கான காலம் என் வாழ்வில் 2011லேயே நின்றுவிட்டதை.

ஆனால் அக்ஷைக்கு ராம் வாழ்வில் வந்ததைப்போல அந்த ஒரு நாளோ காரணமோ வரவில்லை, பள்ளிக்குச் சீக்கிரம் செல்ல. திடீரென அறிவிப்பின்றி இரண்டுநாட்கள் ஜானு விடுமுறை எடுத்ததும் துடித்துப்போகும் ராம், அந்த வார இறுதியின் இரண்டு நாட்களை

ஆண்டுக்கணக்கில் கடத்தி, அடுத்த திங்கட்கிழமை வகுப்புக்கு முதல் ஆளாக வருகிறான். இதை நானே பல முறை செய்திருக்கிறேன். பல ஜானுக்களுக்காக.

என்னுடைய முதல் ஜானு என் பள்ளியைச் சேர்ந்தவளல்ல. ஆனால், அவளுக்காகவே பல நாட்கள் அரை மணிநேரம் முன்பே கிளம்பியிருக்கிறேன், அவள் பள்ளி திறக்கும் நேரத்துக்கு ஏற்ப.

திருச்சி ஐயப்பா நகருக்குள் நாங்கள் இணைந்து சுற்றாத தெருவே இல்லை எனும் அளவுக்கு எங்கள் மிதிவண்டிகளின் தடங்களால் காதல் கதையை வரைந்திருக்கிறோம். ராமும் ஜானுவும் கூட தங்கள் இறுதிச் சந்திப்பை இப்படித்தான் நிகழ்த்துகிறாகள்.

பொதுவாக ஒவ்வொரு காதல் திரைப்படம் வெளியாகும்போது, இப்படியொரு காதல் கதையை உலகத் திரைப்பட வரலாற்றில் எங்குமே பார்த்திருக்கமாட்டீர்கள் என்பார்கள். ஆனால், 96ல் இதுவரை நான் பார்த்த, வாழ்ந்த என் கதைகளையும் என் நண்பர்களின் காதல் கதைகளையும் தான் பார்க்கிறேன். இது என் கதை, எங்கள் கதை, நம் அனைவரின் கதை.

இக்காதல் கதைகளில் நமக்கு என்ன பாத்திரம் இருக்கிறதோ அதே முகாமைத்துவத்துடன் நம்முடைய நண்பர்களுக்கும் இருக்கும். அவளுடன் கடத்திய, உறவாடிய பொழுதையெல்லாம் பற்றி பகிர்ந்து கொள்வதற்காகவே என் வாழ்வில் இருந்தவன் தான் பரணி.

ஜானுவின் இன்மையில் "physically present" ஆக வகுப்பில் இருக்கும் ராமைப்போல நானும் என் நினைவையெல்லாம் வேறு பள்ளியில் இருந்த என் ஜானுவிடம் விட்டுவிட்டு, பரணியிடம் அவளைப்பற்றி மட்டுமே பேசிக்கொண்டிருப்பேன். அவனும் என் காதல் கதைகளையெல்லாம் பிசிக்கலி பிரசண்டாக இருந்துகொண்டு கேட்டுக்கொண்டிருப்பான். எங்கள் காலத்தில் பள்ளி நண்பனின் முதற்கடமை அதுவாகத்தான் இருந்தது - ஒரே காதல் கதையை ஏ. ஆர். ரகுமானின் பாடல்களுக்கு ஒப்ப மீண்டும் மீண்டும் கேட்பது.

ஒரு காட்சியில் ராம் தன் நண்பனிடம், "நான் ஜானுவ கல்யாணம் பன்னிக்கிட்டா அவ பேரு என்ன தெரியுமா? ஜானகி ராமச்சந்திரன்," என்பான். நானும் என் நண்பன் பரணியிடம் இதேபோல் கூறியதுண்டு. "என் ஆளோட இனிஷியல் 'S' தான்டா. கல்யாணத்துக்கு அப்புறமும் மாத்தவேண்டிய அவசியமில்ல" எனக்கூறி, திருமணத்துக்குப் பின் பெயர் மாற்றுவதெல்லாம் பெண்ணடிமைத்தனத்தின் ஒரு வடிவம் தான் என்பதைக்கூட அறியாது, உளமாற மகிழ்ந்த-

துண்டு.

பெண்ணியத்தின் கண்ணோட்டத்தில் எனக்கு இப்படி பிற்போக்குத்தனம் இருந்திருந்தாலும், நான் பல வகையில் பகுத்தறிவோடு இருந்திருக்கிறேன். பள்ளிப்பருவக் காதலர்கள் FLAMES மூலமாக தங்கள் காதலின் எதிர்காலத்தைக் கணக்கிடுவதில் எனக்கு துளியும் நம்பிக்கையில்லை. அதற்குப் பெரும் கருத்தியல் பின்னணியெல்லாம் இல்லை. எனக்கும் என் ஜானுவுக்கும் அதில் ‘Enemy’ வந்ததுதான் என் பகுத்தறிவு மேன்மைக்குக் காரணம். 96ல் ராமும் ஒரு கட்டத்தில் இந்த மேன்மையைத்தான் அடைகிறான்.

மனிதனுக்கு ஏற்படும் எந்த உறவு முறைக்கும் இல்லாத ஒரு பண்பு காதலுக்கு மட்டும் உள்ளது. மற்றவையெல்லாம் மனதளவுக்கு மட்டுமே தம்மைச் சுருக்கிக்கொள்ளும்போது, காதல் மனதையும் கடந்து கனவுகளிலும் கற்பனைகளிலும் பரந்து விரிந்துகிடக்கும். நாம் நடந்துகொண்டே இருக்கும்போது திடீரென நம்மை நிற்கச் செய்யும், திரும்பிப் பார்க்கச்சொல்லும். ஒருவேளை அவள் என்னைத் தொடர்ந்துவந்தால்? ஒருவேளை நான் அவளை மீண்டும் சந்தித்தால்? ஒருவேளை உடைந்த காதலை மீட்டெடுக்க வாய்ப்பிருந்தால்? என ஒவ்வொரு முடிந்துபோன காதல் கதையின் நீட்சியாக பல ‘ஒருவேளைகள்’ கற்பனைக்கு ஆயத்தமாக காத்துக்கிடக்கும்.

அந்த அத்தனை ஒருவேளைகளும் 96ஐப் பார்க்கும்போது நமக்குள் எழும். இத்திரைப்படத்தை நான் முதல்முறை என் காதலியுடன் தான் பார்த்தேன். அதன் ஒவ்வொரு காட்சியையும் நான் ரசித்து உள்வாங்கிய அழகைக் கண்டு அவள் கொஞ்சம் கலங்கித்தான் போனாள். ஒருவேளை அவளை விட்டுவிடுவேனோ என அவளுக்குள்ளும் அந்த ‘ஒருவேளை’ எழுந்தது. மென்மையான மொழியில் "படத்த பாத்து ரசிச்சா மட்டும் போதும். உக்காந்து feel பன்னீட்டு இருக்காத" என்றாள். அக்கேள்வியில்தான் இத்திரைப்படம் எடுத்ததன் நோக்கம் நிறைவடைந்ததை உணர்ந்தேன்.

பரணி, அக்ஷை, ஜானுக்கள் என இதுவரை நான் குறிப்பிட்டதைப்போல 96க்கும் என் வாழ்வுக்குமான பல ஒற்றுமைகளை இன்னும் பெரிதாக என்னால் பட்டியலிட முடியும். இத்திரைப்படம் ஏற்படுத்திய தாக்கம் அவ்வாறானது. பிற காதல் திரைப்படங்களைக் காணும்போது அதன் நாயகன் அல்லது நாயகியின் இடத்தில் நம்மை நாம் பொருத்திப்பார்ப்போம். ஆனால், இதைக்காணும்போது, நம் வாழ்வுக்குள் ராமையும் ஜானுவையும் பொருத்திப் பார்ப்போம்.

அதேபோல் தான் 96இன் ராமில், என்னால் தர்மேஷையும், விக்னராஜையும், நவீனையும், எல்லாவற்றுக்கும் மேலாக சந்தோஷையும்தான் பார்க்க முடிகிறது. ஆனால், ராமை அல்ல. அதனால்தான் ராமும் ஜானுவும் சேரமுடியாமல் போகும்போது, அதை என் காதல் தோல்வியாகவே நான் நினைத்துக்கொண்டேன். அதுதான் இத்திரைப்படத்தின் நோக்கம், நினைவுகளைக் கிளறுவது.

அதனால் என் பட்டியலை இங்கேயே நிறுத்திக்கொள்கிறேன். ராமிலும் ஜானுவிலும் நீங்களே உங்களைத் தேடிக்கொள்ளுங்கள். உங்கள் காலமும் எங்கோ ஒரு இடத்தில் உறைந்திருக்கும், அதைக் கண்டெடுங்கள்.

- சந்தோஷ் மாதேவன்,

சென்னை, அக்டோபர் 6, 2018.

பின்வாசல்

‘96’ திரைப்படம் தூண்டிய அளவுக்கு என் பள்ளிக்கால நினைவு-களை வேறெந்தத் திரைப்படமும் தூண்டவில்லை. அதனால் தான் அதன் தாக்கத்திலிருந்து மீள முடியாமல் இந்தக் கட்டுரைக்கு மட்டும் ஒரு நீட்சிக் கட்டுரையை ஒரு சில நாட்களுக்குப் பிறகு எழுதினேன். அது, அடுத்த அத்தியாயத்தில்.

7

காதல் கழுதைக்கும் வரும்

தெருநடை
படைப்பு: கட்டுரை
வகைமை: பட்டறிவு
இயல்: களவியல்

திருச்சி மீது எனக்கிருந்த காதலையும் தாண்டி திருச்சியில் நான் வளர்ந்துவந்த காலத்தில் எனக்கிருந்த காதல் கதை ஒன்றை நினைத்து அசைபோட்டுக் கொண்டிருந்த ஒருநாள்.

முன்றில்

அப்படியே அங்கேயே
நின்றுவிடவும் முடிவதில்லை...
அதைத்தாண்டி வேறெங்கும்
நகர்ந்துவிடவும் முடிவதில்லை...
- பென்சில் கிறுக்கல்கள் -
மார்ச் 21, 2022

அனைவரும் ‘96’ படத்தின் மோகத்திலிருந்து விடுபட்டிருப்பீர்கள் என நம்புகிறேன். சிலர் ‘வட சென்னை’ மீது காதல் வயப்பட்டும் இருப்பீர்கள். ஆதலால், இது 96ஐப் பற்றி மீண்டும் பேச வேண்டிய தருணம் என நினைக்கிறேன்.

அத்திரைப்படம் வந்த போது அதைக் கண்டு, இன்புற்று, காலம் கடந்து பின்னோக்கிச் சென்று, அதிலிருந்து கொஞ்சம் கொஞ்சமாக மீண்டு வந்திருப்போம். அத்திரைப்படம் ஏற்படுத்திய மனக்கிளர்ச்சி அவ்வாறானது. ஆனால் சிலருக்கு அது வாய்க்கவில்லை என்பதும் சமூக வலைத்தளங்களில் அப்பட்டமாக தெரிந்தது. அவர்கள் கூறிய காரணங்கள் பலதரப்பட்டனவாக இருந்தன.

"நான் படித்தது ஆண்கள் மட்டும் (அல்லது) பெண்கள் மட்டும் இருந்த பள்ளி" என விளையாட்டாகக் கூறிய பலர் துவங்கி, "படத்தில் வரும் ராமச்சந்திரன் தனது பள்ளிக் காதலி ஜானகியின் நினைவிலேயே இறுதிவரை கன்னி கழியாமல் இருப்பதால், அவன் ஒரு மனநோயாளி," என காட்டமாகத் திறனாய்வு செய்தவர்களையும் நான் கடந்த அரை மாத காலத்தில் பார்த்துவிட்டேன்.

முதல் வகையைச் சார்ந்தவர்களில் பலர் அதை ஒரு கேலிக் காரணமாகத்தான் கூறியதாக நான் பார்க்கிறேன். ஒருவேளை உண்மையாக இருந்தால், அவர்களிடம் சொல்வதற்கு ஏதுமில்லை. இத்திரைப்படத்தை எழுதி இயக்கிய பிரேம் குமார் கூட ஆண்கள் மேனிலைப் பள்ளியில் படித்தவர் தான், என்பதைத் தவிர.

இரண்டாம் வகையறாவைச் சார்ந்தவர்களுக்குத்தான் இந்தக் கட்டுரையைக் காணிக்கையாக்குகிறேன்.

முதலில் காதலுக்கு அடைமொழி இடும் பழக்கம் எப்போது துவங்கியது என்பதை நாம் அறியவேண்டும். அது என்ன பள்ளிக் காதல், கல்லூரிக் காதல், அலுவலகக் காதல்? அடிப்படையில் எல்லாமே காதல் தானே?

கொஞ்சம் ஆழமாக சிந்தித்துப்பார்ப்போம். இந்தப் பள்ளி என்ற சொல், சமண மற்றும் ஆசீவகச் சமயக் காலங்களுக்குப் பின்னர்தான் பொதுப் பயன்பாட்டில் அதிகமாகக் காணக்கிடைக்கின்றது என்பது வரலாற்றாசிரியர்களின் கூற்று. ஆனால் காதலோ, கல் தோன்றி, மண் தோன்றா, தமிழ்த் தோன்றாக் காலத்தே உயிர்களிடத்தில் தோன்றியது.

அப்படியென்றால், காதலுக்கு எப்படி 'பள்ளி' எனும் அடைமொழியைத் தர முடியும். இவர்கள் மொழியில், அது காதல் கூட இல்லையாம். ஈர்ப்பாம். எதுவாக இருந்தாலும் சரி, எப்படிப் பார்த்தாலும் வரலாற்றுச் சான்றுகளின்படி இந்த காதல் தானே பள்ளிக்கு முந்தையது?

வேடிக்கையான விளக்கமோ?

அப்படித்தான், ராமை மனநோயாளி என்றழைப்பதும் வேடிக்கையாக இருக்கிறது.

சரி, நான் கூற வருவதை விளக்குகிறேன்.

ஏதோவொரு ஆண்டின் ஏப்ரல் மாதம் வரை 12ஆம் வகுப்பில் இருப்பவன்தான் ஒரு மாதம் விட்டு, ஜூனில் கல்லூரியில் இணைகிறான். அவன் பன்னிரண்டாம் வகுப்பு வரை ஒரு பெண்ணைக் காதலிக்கிறான் என்று வைத்துக்கொள்வோம். அது பள்ளிக்காலத்தில் வரும் 'ஈர்ப்பு'. ஆனால், மே மாதம் முழுக்க வானத்திலிருந்து இருந்து விழுந்த முதிர்ச்சியின் காரணமாக, கல்லூரியில், ஜூனில் அவனுக்கு வேறொரு பெண்ணின் மீதோ அல்லது அதே பெண்ணின் மீதோ வந்தாலும் அது 'காதல்'. இதுவல்லவா, இப்படி காதலை, காலத்தோடோ, வயதோடோ ஒப்பிட்டு அளப்பதல்லவா வேடிக்கை?

பொதுப்படையாகப் பார்க்காமல், 96ல் வரும் ராமச்சந்திரனையே எடுத்துக்கொள்வோம். அவனுக்கு ஜானு ஒன்றும் பத்தாம் வகுப்பில் அறிமுகமான பெண்ணல்ல. சிறு வயது தோழி. அவள்தான் காதலியாக மாறுகிறாள். அந்த நட்பு காதலாகும் தருணம் கூட அவனால் உணரக்கூடிய அளவுக்கு முதிர்ச்சியுடன் உள்ளவன் தான் ராம்.

அதே போல் அவனைச் செல்லமாக 'அண்ணாத்தே' என அழைக்கும் சுபாவும் நட்பு வட்டத்தில் இருக்கிறாள். சுபாவை அவன் இறுதிவரை தங்கையாகவே நடத்துகிறான். கிட்டத்தட்ட இருபது ஆண்டுகள் கழித்து சந்திக்கும்போதும் முதலில் அவள் கருவிலிருக்கும் சிசுவிடம் 'மருமகளே' என்றுதான் கொஞ்சுகிறான்.

இருபது ஆண்டுகளாக அவனிடம் காதல் மட்டும் அப்படியே நிலைத்திருக்கவில்லை, அவனுடைய மொத்த பண்பும் தான் என்பது இங்கே தெளிவாகிறது. அப்படியென்றால் அவனை எப்படி மனநோயாளி என்று அழைக்கமுடியும்?

என் தந்தை சில ஆண்டுகளுக்கு முன் எழுதிய ஒரு இருவரிக் கவிதையை இங்கே சுட்டிக்காட்ட விரும்புகிறேன்.

"காதல் கழுதைக்கும் வரும்

ஆனால், கழுதைகள் தாஜ்மகால் கட்டுவதில்லை"

- சிராப்பள்ளி மாதேவன்

காதல் எனும் உணர்வு எல்லா உயிர்களுக்கும் பொதுவானது. சிங்கமோ, பூனையோ, காகமோ - எல்லா உயிரும் பிறந்து வளர்ந்து, ஒரு பருவ நிலையை அடையும்போது அவைகளுக்குள்ளேயே ஈர்ப்பு ஏற்பட்டு, பின் காமுற்று தத்தம் இனவிருத்திக்கு வழிவகுக்கும். இந்த ஈர்ப்பைத்தான் நாமும் ஏதோவொரு பருவத்தில் கொள்கிறோம். அதையே காதல் என்றும் சொல்கிறோம்.

ஆதலால் காதலை வைத்துதான் நாம் அந்த பருவத்துக்கு வந்துவிட்டோம் என கூற முடியுமே தவிர, இந்தப் பருவத்தில் தான் காதலிக்க வேண்டும் என விதி எழுதமுடியாது. அது முற்றிலும் இயற்கைக்கு விரோதமானது.

ஆதலினால் காதல் செய்வீர் உலகத்தீரே!

- சந்தோஷ் மாதேவன்,

சென்னை, அக்டோபர் 28, 2018.

பின்வாசல்

இந்தப் படம் என்றில்லை. பொதுவாகவே காதல் குறித்து வரவர பல தரபட்ட விவாதங்களும் கருத்துக்களும் உண்டாகுகின்றன. அதற்கு எத்தனையோ வடிவங்களையும் கொடுத்தாயிற்று. அதனால் காதல் என்ற உணர்வையே கட்டுடைத்து மீட்டுருவாக்கம் செய்ய-வேண்டியிருக்கிறது. அதைத்தான் அடுத்த சில அத்தியாயங்களில் செய்யப்போகிறோம்.

8

காதல், கத்தரிக்காய், கொத்தமல்லி

தெருநடை
படைப்பு: கட்டுரை
வகைமை: பகுத்தறிவு
இயல்: களவியல்

காதல் என்ற உணர்வுக்கு என்ன வடிவம் என்பதை, திரைப்படங்கள் மூலமாகவும் இலக்கியங்கள் மூலமாகவும் கண்டறிய முயன்ற ஒருநாள்.

மூன்றில்

வானளவுக்குக் காதலிக்கிறேன்
மலையளவு அன்புவைத்திருக்கிறேன்
என்றெல்லாம் சொல்கிறார்கள்...
என் காதலின் உயரமென்னவோ
ஐந்தரை அடிதான்!
- அழுக்குச் சுவர் கிறுக்கல்கள் -
அக்டோபர் 27, 2019

இயக்குநர் சேரனின் படைப்புகளில் 'பொக்கிஷம்' என்னை மிக-வும் கவர்ந்த ஒன்று. இயல்பிலேயே காதல் படங்களின் மீது நான் காதல்வயப்படுவதுண்டு. அதிலும் பொக்கிஷத்துக்கு ஒரு தனி இடமுண்டு. அதற்குப் பெரும் காரணம், சேரன் அதில் கையாண்ட கதை சொல்லும் விதம். ஒரு சரியான காதல் கதையானது காத-லர்களைப் பற்றியதல்ல, அல்லது அந்த காதலில் எற்படும் சிக்கல்க-ளைப் பற்றியது கூட அல்ல. காதல் படைப்பு காதலைப் பற்றியதாக இருக்கவேண்டும்.

ஒரு காதல் கதையின் முதன்மை மாந்தர்களையும், அவர்கள் எதிர்கொள்ளும் பாதகங்களையும் தாண்டி அவர்களிருவருக்கிடையே இருக்கும் உறவுமுறைகளைப் பற்றி விவரித்து உருவான படங்களே இங்கே பெரும் வெற்றியைப் பெற்றிருக்கின்றன.

உதாரணத்துக்கு, பொக்கிஷம் படத்தின் முதல் சில காட்சிகளில் அக்கதையின் முகாமைச் செய்தியையும், உட்கருத்தையும் விளக்கும் வண்ணம் நிகழ்காலக் காதலர்களுக்கும் முந்தைய தலைமுறைக் காதலர்களுக்கும் இடையேவுள்ள வேறுபாட்டை காட்சிபடுத்தியிருப்-பார்கள். அரைமணி நேரத்தில் ஆறு முறை வாக்குவாதம் செய்யும் அலைபேசிக் காதலர்கள், ஆறு நாட்கள் இடைவெளிக்கு ஒருமுறை கடிதங்களில் உணர்வுகளைப் பரிமாற்றிக்கொள்ளும் அஞ்சல் வழிக் காதலர்களையும் அவர்களின் காதலையும் கண்டு வியப்புக்குள்ளா-வது போல் அந்த காட்சி அமைந்திருக்கும்.

இங்கே, காதலை இப்படி காலத்தின் அடிப்படையில் பிரித்துப்-பார்ப்பது சரிதானா என்ற கேள்வி எழுகிறது. கடந்தகாலத்தில் இருந்-ததுபோல்தான் காதல் இப்போதும் வெளிப்படவேண்டுமா? ஏன் காதல் பரிணாம வளர்ச்சி அடையக்கூடாதா? என்ற துணைக்கேள்விகளும் உடன் ஒட்டிக்கொண்டு வருகின்றன.

ஒரு இணையைப்போல மற்றொரு இணையால் காதலிக்க முடி-யாது. அவர்கள் காதலை வெளிப்படுத்தும் விதம் வேறுவேறாக இருக்கலாம். ஆனால் காதல் ஒன்றாகத்தான் இருக்க முடியும். ஒரு உணர்வால் ஒரு வடிவத்தில்தான் இருக்கமுடியும். வெவ்வேறு வடி-வத்தில் இருக்கின்றன என்றால், அதில் ஒன்று மட்டும்தான் காத-லாக இருக்கமுடியும்.

இப்படித்தான் காதலிக்கவேண்டும் என காதலுக்கென்று ஒரு தனி மரபு இருக்க முடியாது. அதேவேளையில், நம் மரபில் காதல் எப்படி இருந்திருக்கிறது என்றும் பார்க்கவேண்டியிருக்கிறது. இங்கே "எங்க

காலத்துல நாங்க இப்படியா காதலிச்சோம்?" என்ற நம் அப்பாக்களின் கேள்விகளும் சரி, "நீங்க அப்படியிருந்தா நாங்களும் அப்படித்தான் இருக்கணுமா" என்ற நம் பதில்களும் சரி, இரண்டுமே காதலைப் பற்றியதல்ல, அவரவர்தம் காலத்துக் காதலர்களைப் பற்றியது மட்டுமே என்ற தெளிவுக்கு வரவேண்டியுள்ளது.

அவரவர் காலத்துத் தொழில்நுட்ப வளர்ச்சிக்கு ஏற்றார்போல் அவர்கள் காதலிக்கும்விதம் மாறியிருக்கிறது. கடிதம், தந்தி, நாணையத் தொலைபேசி, கைப்பேசி, குறுஞ்செய்தி, காணொலி அழைப்பு என, காதல் எல்லா வகை தொலைத்தொடர்பு வசதிகளிலும் தன்னைத்தானே ஆக்கிரமித்துக்கொண்டிருக்கிறது, எதிர்காலத்திலும் இது தொடரத்தான்போகிறது. இதை ஒவ்வொரு தலைமுறைக்கும் முந்தைய தலைமுறை புரிந்துகொள்ள வேண்டும்.

அப்படிப்பார்க்கையில், "நீங்க அப்படியிருந்தா நாங்களும் அப்படித்தான் இருக்கணுமா" என்ற பதிலில் ஒரு இயல்பிருப்பது உண்மைதான். அதேபோல், அஞ்சல் காலத்துக் காதலர்களிடம் இருந்த பொறுமை இன்று இருக்கிறதா என்றால் இல்லை என்று ஒப்புக்கொள்ளவும் வேண்டும். உணர்வுகளை மட்டும் பரிமாற்றிக்கொள்ளும் நிலையில் இருந்ததாலோ என்னவோ, அவர்களின் ஊடலில்கூட இன்பம் இருந்தது. அந்த ஊடல் என்றும் பிரிவுக்கு இட்டுச்சென்றதில்லை. அந்த வகையில், அப்பாக்களின் "எங்க காலத்துல நாங்க இப்படியா காதலிச்சோம்?" என்ற கேள்வியும் சரிதானோ எனத் தோன்றுகிறது.

இது காதலைப் பற்றிய புரிந்துணர்வு தொடர்பானது. உலகமயம் என்ற வேடத்தில் வணிகமயமாகிக்கொண்டிருக்கும் ஒரு சமூகத்தில், காதல், நட்பு, தாய்மை போன்ற உணர்வுகளின் வெளிப்பாடும் ஒரு பொதுத்தன்மைக்குள் அடங்கிக்கொண்டிருக்கிறது என்ற புரிந்துணர்வு தொடர்பானது. தொலைத்தொடர்புத் தொழில்நுட்பங்களும் அதைச் சார்ந்துள்ள காதலிக்கும் முறைகளும் இங்கே பரிணாம வளர்ச்சியடைவதில் தவறில்லை, ஆனால், அந்தக் காதலே பரிணாம வளர்ச்சி அடைவது ஒரு இயற்கைப் பேரிடர் என்ற புரிந்துணர்வு தொடர்பானது.

இதை இன்னும் எளிமையாகச் சொன்னால், நம்மிடமிருந்து நம் கைப்பேசியையும் கணினியயும் பிடுங்கிவிட்டால் நம் உணர்வின் ஊடகம் தான் நம்மைவிட்டுச் செல்லவேண்டும், அந்த உணர்வே நம்மைவிட்டுச் செல்லக்கூடாது. அப்படிப்பட்ட நிலையில் உங்களிடம்

உணர்வு எஞ்சுமா என்றால் நம்மில் பலரிடம் பதில் இருக்காது என்பதே கசக்கும் உண்மை. ஏனென்றால் உலகமயமாக்கல் நம் உணர்வுகளை வணிகத்துக்குள்ளக்கிவிட்டது. பி.டி கத்தரிக்காய், வெங்காயம் போல், நம் காதலும் நட்பும் கூட மரபணு மாற்றப்பட்டதாக இருக்கின்றன.

அதனால்தான் என்னவோ 96 திரைப்படத்தில் வரும் ராம் போன்ற கதைமாந்தர்கள் நாம் ரசிக்கும்படி இருந்தாலும் நமக்கு அயலாக இருக்கின்றனர். அதுவே பொக்கிஷத்தின் நாயகன் லெனினுக்கும் பொருந்துகிறது. அத்தனை நாட்கள் சந்திக்காமல், பேசாமல் இருப்பவர்களிடம் எப்படி இன்னும் காதல் அப்படியே எஞ்சியிருக்கிறது என்ற கேள்விக்கு அதுதான் பதில். அவர்கள் உணர்வின் ஊடகத்தை நம்பியில்லை. அந்த உணர்வை மட்டும்தான் நம்புகிறார்கள். அப்படி இருந்தால்தான் அது உணர்வு, இல்லையென்றால் அது வெறும் உரையாடல்.

எப்போதுமே திரைப்படங்கள் போன்ற மனதினுள் எளிதில் நிரம்பும் ஒரு படைப்புக்கலைதான் தத்தம் தலைமுறைக்குக் காதலிக்கக் கற்றுக்கொடுக்கும். நமக்கு முந்தைய தலைமுறையில் கூட அவர்கள் கண்ட காதல் திரைப்படங்கள்தான் அவர்களை காதல் பாதையில் இட்டுச்சென்றன. அவர்கள் காலத்துக் காதல் கதைகளெல்லாம் கொஞ்சம் செயற்கையானதாகவே இருக்கும். ஆனாலும் அவர்களின் காதல் அப்படியிருக்கவில்லை.

இன்றோ நாம் திரையில் காணும் ராமும் லெனினும் காதல் பற்றிய புரிதலில் முதிர்ச்சி பெற்றவர்களாக இருக்கின்றனர். நாமே நம் காதலில் செயற்கைத் தன்மைகளைச் சேர்த்துகொண்டிருக்கிறோம்.

- சந்தோஷ் மாதேவன்,

சென்னை, சனவரி 8, 2019.

பின்வாசல்

காதலும் அரசியலும் இன்னும் என் வாழ்வில் ஒன்றை ஒன்று சந்தித்திடாத ஒரு காலத்தில் நான் எழுதிய கட்டுரை இது. வெறும் கதைகளிலும் காட்சிகளிலும் மட்டுமே பார்த்து கற்றுக்கொண்ட காதல் அல்லவா. கொஞ்சம் சீரத்திருத்தம் தேவைபடுகிறது அதற்கு. கட்டுரையாக உங்களுக்கெல்லாம் எழுதியதை என் வல்லாதிக்கத் தோழிக்கும் எழுதிவிடுகிறேன், அதற்குமுன். அடுத்த அத்தியாயத்தில்!

9

காதல் என்றால் இப்படித்தான் இருக்கும்

தெருநடை
படைப்பு: கடிதம்
வகைமை: பகுத்தறிவு
இயல்: களவியல்

காதலுக்குள் என் சுயநலத்தை இழையோட விட்டு அதை என் காதலியின் மீது திணிக்க முயன்ற ஒருநாள்.

முன்றில்

ஒரே கவிதையைத்தான்
வெவ்வேறு சொற்களோடு
மீண்டும் மீண்டும் எழுதுகிறான்
ஒரு கவிஞன்!
- பென்சில் கிறுக்கல்கள் -
அக்டோபர் 13, 2022

பேரன்பின் வல்லாதிக்கத் தோழிக்கு,

நமக்குள் ஓர் உரையாடல் நிகழ்ந்து மாதங்களாகிவிட்டன. ``நேற்றுதானே வாட்ஸ்அப்பில் பேசினோம்" என்பது உன் பதிலாக இருந்தால் உரையாடலுக்கான அர்த்தத்தை உனக்கு விளக்கவேண்டிய அவசியம் இருக்கிறது என்றே நம்புகிறேன்.

என் அம்மாவும் அப்பாவும் காதல் திருமணம் செய்துகொண்ட கதையை உன்னிடம் பலமுறை கூறியிருக்கிறேன். நாமும் அப்படிச் செய்துகொள்ளலாம் என்ற ஆசையில் சொன்ன கதை. அதைச் சொன்னவன், ஏனோ அவர்களுடைய `காதல் செய்த கதை'யைச் சொல்ல மறந்துவிட்டேன். சொல்லியிருந்தால் நாமும் அப்படிக் காதலித்திருக்கலாம். என் அம்மா அப்பாவின் காதல் அத்தனை வியப்பானது.

நம்மைப்போல நாளொன்றுக்கு நான்கு முறை சண்டையிட்டு, பொழுதொன்றுக்குப் பத்து முறை கட்டி அணைத்து முத்தங்கள் பகிர்ந்து சமாதானமாகும் அளவுக்கு, அவர்கள் காதல் கதையில், காதல் அன்றாடத்தின் அங்கமாக இல்லை. ஆனால், எப்போதுமே காதல் இருந்துகொண்டேதான் இருந்திருக்கிறது. இப்போதும்.

அடிக்கடி பார்த்துக்கொள்ள முடியாது என்ற ஒற்றைக் காரணத்தைத் தவிர, திருச்சிக்கும் நாகர்கோவிலுக்கும் இடையே இருந்த தூரம் அவர்கள் காதல் மீது எந்தவொரு தாக்கத்தையும் ஏற்படுத்தவில்லை. ஆனால், சென்னையின் இருவேறு மூலைகளில் இருக்கும் நமக்கு, நம் காதலுக்கு, இந்தச் சிறிய தூரமே முதல் எதிரியாகிவிட்டது.

ஒரு பெருநகரக் காதல் கதை இப்படித்தான் இருக்கும் என்ற மூடநம்பிக்கை நம்மைச் சூழ்ந்துகொண்டது என்பதை என்னால் ஏற்கவும் முடியவில்லை, மறுக்கவும் முடியவில்லை. அதைவிடக் கொடிய நம்பிக்கை, `காதல் என்றால் இப்படித்தான் இருக்கும்', என்ற வட்டத்துக்குள் காதலை நாம் அடைத்துவிட்டதுதான். நம்மையறியாமல் காதலுக்குக் கட்டுப்பாடுகள் விதித்துவிட்டோம். காதலின் கட்டுப்பாட்டிலல்லவா நாம் இருந்திருக்க வேண்டும்.

அப்பா, அன்று ஒரு கடிதம் எழுதி அனுப்பினால், அது அம்மாவின் கைகளில் சேர மூன்று நாட்களாகுமாம். அதைப் படித்துவிட்டு அடுத்த நாள் அம்மா எழுதும் கடிதம் அப்பாவைச் சென்றடைய மேலும் ஒரு மூன்று நாட்கள். இதற்கிடையில் வார இறுதி, பண்டிகை என விடுமுறை நாட்கள் வந்துவிட்டால், மேலும் இரண்டு

மூன்று நாட்கள் ஆகிவிடும். அப்படிப் பார்த்தால் ஒரு வாரத்துக்கு அப்பாவின் கடிதம் ஒன்று, அம்மாவின் கடிதம் ஒன்று எனக் கணக்கிடலாம். எந்த வாரத்தையும் விடாமல் மாறிமாறி இருவரும் எழுதிக்கொண்டாலும் ஆண்டுக்கு கிட்டத்தட்ட ஐம்பது கடிதங்கள்.

எண்ணிப்பார் ஒரு முறை. ஒரு முக்கியமான விவாதம் நம்மிடையே நிகழ்ந்துகொண்டிருக்கும்போது, சில நிமிடங்களுக்குத் தொலைத்தொடர்பு துண்டிக்கப்பட்டால், நம் மொபைல் நிறுவனத்தை எப்படியெல்லாம் சபித்திருப்போம்... ஆனால், வாரத்துக்கு ஒரு முறை கடிதம் வாயிலாகப் பேசிக்கொண்ட காதலர்கள் என்றுமே அஞ்சல்காரர்களைச் சபித்ததில்லை. மாறாக, அவர் வருகைக்காவே காத்துக்கொண்டிருப்பார்கள். காதல் அவர்களிடம், கடிதம் மட்டுமே அஞ்சல்காரர்களிடம். நாமோ காதல், உரையாடல், ஊடல், மௌனம், முத்தம் என எல்லாவற்றையும் வாட்ஸ்அப்புக்குள் பூட்டிவைத்துவிட்டு, கைப்பேசியின் பொறுப்பில் அன்பைவிட்டுவிட்டோம்.

ஊடல் எப்படியெல்லாம் நம் காதலில் இடம்பெறுகிறது என்று எப்போதேனும் யோசித்துப்பார்த்திருக்கிறாயா? வாக்குவாதங்களில் ஈடுபட்டு, மௌனம் காத்து, பிறகு சமாதானம் செய்துகொள்வது மட்டும்தான் ஊடல் என்ற மனநிலை நம்மிடையே நிலவுகிறது. தவிர்க்கமுடியாததுதான். நினைத்த நேரங்களிலெல்லாம் சண்டையிட்டு, சில மணித்துளிகளிலேயே சேர்ந்துவிடுவதால்தான் என்னவோ ஊடலின் மகத்துவம் தெரியாதிருக்கிறோம் என்றே நினைக்கிறேன்.

வாரத்துக்கு ஒரு முறை கடிதம் வாயிலாகப் பேசிக்கொண்டவர்களுக்கிடையே ஊடல் எப்படியிருந்திருக்கும். அவசரத்தில் சில வார்த்தைகளை எழுதி அனுப்பிவிட்டு, அதன் பொருளை உணர்ந்து `டெலிட் ஃபார் ஆல்' செய்யும் வாய்ப்பெல்லாம் அவர்களுக்குக் கிடைக்கவில்லை. ஒரு செய்தியைப் படித்துவிட்டு அதை அசைபோட, அதற்கான பதில் எழுத, அவர்களுக்கு வாய்த்த கால அவகாசமே அவர்களுடைய காதலைப் பக்குவப்படுத்தியது. அந்த அவகாசம் நமக்கு இருக்கிறதா என்றால் இல்லைதான். அதேவேளையில் நினைத்தவுடன் பேசிவிடமுடியும் என்ற வசதி நம் காதலை வளரவிடாமல் வைத்திருப்பது கொடிதினும் கொடிதல்லவா?

`நம்ம அம்மா, அப்பாகிட்ட வாட்ஸ்அப் இருந்திருந்தா அவங்களும் இப்படித்தான் காதலிச்சிருப்பாங்க...', `அதுக்காக நானும் கடிதம் எழுதி காதலிக்க முடியுமா...' என்ற எண்ணங்கள் வருவதையும் தடுக்கமுடியாதுதான். ஆனால், இங்கே 'வாட்ஸ்அப்பா, கடிதமா?'

என்பதெல்லாம் பேசுபொருளல்ல. நம் காதலின் அடிப்படைக் கட்டமைப்பைப் பற்றித்தான், என் கவலையெல்லாம். நம் சூழல், வாழ்க்கைமுறை, பணியிடத்தின் தன்மைகள் எல்லாம் நம் காதலின் மீதும் ஆதிக்கம் செலுத்துகின்றனவோ என்ற அச்சம்...

இலக்குகளால் பின்னப்பட்ட நம் பணிச்சூழல், வணிகமயமாக்கப்பட்ட வாழ்க்கைமுறைகள் எனப் பல புறக்காரணிகள் நம் காதலின் இயல்பை மாற்றிவிட்டன என்றே நினைக்கிறேன். அவற்றின் பண்புகள்தாம் நம் உறவுமுறையிலும் அவ்வப்போது வெளிப்படுகின்றன. வாரத்துக்கு ஒருமுறையேனும் பார்த்துக்கொள்ள வேண்டும், நாள்தோறும் இரண்டு மணிநேரம் தொலைபேச வேண்டும் என்றெல்லாம் காதலுக்கு இலக்குகள் வைத்துக்கொள்வதெல்லாம் என்ன விதமான கட்டுப்பாடு என்று சில நேரங்களில் எனக்கு விளங்குவதில்லை. இது இப்படியே நீடித்தால், வருங்காலத்தில் 'ஆண்டுக்கு அறுபது முறை சண்டை போட்டுக்கொள்ள வேண்டும்', 'மாதத்துக்கு முப்பதுமுறை முத்தம் கொடுத்துக்கொள்ள வேண்டும்' என்றெல்லாம் இலக்குகள் நிர்ணயிக்கப்பட்டாலும், வியப்பதற்கில்லை.

காதலுக்குக் கால அட்டவணை கிடையாது. நாம் திட்டமிட்டு, அது வரவில்லை. நமக்கிடையே காதல் எப்போது நிகழ்ந்ததென்றே இருவருக்கும் தெரியாது. என்றோ நம்மையும் அறியாமல் அது சூழ்ந்துவிட்டது. அதுதானே காதலின் அழகு. நம்மை அறியாமல் நேர்ந்த காதல், நம்மையும் அறியாமல் நம்மைச் சிரிக்கவைக்கும், அழவைக்கும், கோபித்துக்கொள்ளும், பேசவைக்கும், முத்தங்கள் பரிமாறவைக்கும், ஊடலுக்குள்ளாக்கும், கூடலுக்குள்ளாக்கும். காதலின் இயற்கை அத்தகையது. தன்னைத்தானே பார்த்துக்கொள்ளும் வல்லமையுடையது. அது நம்மையும் சேர்த்தே பார்த்துக்கொள்ளும். காதலை, அதன் போக்கில் விட்டுவிடுவோம். நாம் பின்தொடர்வோம். மீண்டும் சொல்கிறேன் நம் கட்டுப்பாட்டில் காதலை எடுத்துக்கொள்ளவேண்டாம், காதலிடம் நாம் சரணடைந்துவிடுவோம். அப்படித்தான் காதலிக்கமுடியும். அதுவே காதலர்களின் கடப்பாடு.

இதை உனக்குக் கடிதமாக எழுதவேண்டுமென்ற கட்டாயத்திலெல்லாம் நான் எழுதவில்லை. ஆனால், இதைக் கடிதமாக எழுதும்போது என்னிடமிருந்த பொறுமை, படிக்கும் உன்னிடத்திலும் இருக்குமென்பதில் எனக்கு ஐயமில்லை. அந்தப் பொறுமையிலேயே எனக்குப் பதில் எழுது. கடிதமென்றாலும் சரி, வாட்ஸ்அப் என்றாலும் சரி. ஆனால், காலநிலைக்குள் அடக்கப்படாத பதிலாக எழுது.

காதல் நிகழ்த்தப்படுவதல்ல, அது தானாக நிகழ்வது.

இப்படிக்கு,

வல்லாதிக்கத்தை வரவேற்கும் பேரன்புடைய காதலன்!

சென்னை, செப்டம்பர் 17, 2019.

பின்வாசல்

முதலாளித்துவம், சாதியம், மதம், பாலின வேறுபாடு, ஆணாதிக்கம் அனைத்தும் இணைந்து காதலை எல்லா திசைகளிலும் இருந்து சிதைத்துக் கொண்டிருக்கும்போது, என்னுடைய தன்னால மனநிலையில் இருந்து வரைந்த கடிதம். இதற்கு முந்தய கட்டுரையை என் வலைப்பதிவு தளத்திலும், இந்தக் கடிதத்தை விகடன் இணையதளதுக்காகவும் எழுதியிருந்தேன். காதலுக்குள் அரசியல் எப்படி இடம்பிடிக்கிறது என்ற கேள்வியைக் கேட்கத் தொடங்கியிருந்தேன். அப்போதுதான் காதலே ஒரு அரசியல் தான் என்ற புரிந்துணர்வு எனக்குள் உருவாகும் சூழல் என்னை நோக்கி வந்துகொண்டிருந்தது.

10

அசுரரைப் போற்று!

தெருநடை
படைப்பு: திரைப்படத் திறனாய்வு
வகைமை: பகுத்தறிவு
இயல்: சமூகவியல்

அதுவரை என்னை மகிழவிப்பதை மட்டுமே தம் கடமையாகக் கடைபிடித்து வந்தத் திரைப்படங்கள், என்னைக் கற்பிக்கத் தொடங்கியிருந்த காலகட்டத்தில் ஒருநாள்.

முன்றில்

தலையணையைக் காட்டிலும்
திரையரங்குகளிலேயே
என் கண்ணீர்த்துளிகளைச்
செலவிட விரும்புகிறேன்!
- அழுக்குச் சுவர் கிறுக்கல்கள் -
சனவரி 17, 2020

ஒரு கதை, இரு வேறு ஊடகங்களின் வாயிலாகவோ, இரு வேறு மொழிகளிலோ சொல்லப்பட்டால், இரண்டும் வெவ்வேறு படைப்புகளாகத்தான் கருதப்படவேண்டும். புதினமாக இருக்கும் ஒரு கதை மேடை நாடகமாகலாம், அந்த நாடகம் பாவைக்கூத்தாகலாம், அந்தக் கூத்து திரைப்படமாகலாம். எல்லாவற்றிலும் கதை ஒன்றாக இருந்தாலும், எல்லாமே ஒரே படைப்பல்ல. நாவல்களைப் படித்துவிட்டு, அவற்றைப் படங்களாகப் பார்க்கும்போது, இது நாவலில் இல்லையே, என்ற கேள்வியோ கருத்தோ எழுந்தால், உங்களின் முன்முடிவுகளை நீங்கள் மறுபரிசீலனைக்கு அனுப்பவேண்டும் என நினைக்கிறேன்.

எழுத்து வழி கதை சொல்லல், திரைவழி கதைசொல்லல், என ஒன்றோடொன்று தொடர்பில்லாத இரண்டு கலை வடிவங்களை அவற்றின் தனித் தன்மைகளை உணர்ந்து நுகர்வதே அந்தக் கலைகளுக்குத் தரப்படும் முதல் அங்கீகாரம்.

அதேவேளையில், ஒரு கதை என்பது, அதில் வரும் பல நிகழ்வுகளின் தொடரா என்பதையும் பற்றி விவாதிக்க வேண்டியிருக்கிறது. அடிப்படையில் ஒரு கதை சொல்லப்படுவதன் கராணம், அது சொல்லவரும் மூலக் கருத்தை அதன் நுகர்வோரிடம் கொண்டு சேர்ப்பதுதான். சிலப்பதிகாரம், காப்பியமாகப் பாடப்பட்டபோதும் சரி, கதையாக சொல்லப்பட்டபோதும் சரி, திரைப்படங்களாக வெளியானபோதும் சரி, அதன் மையக் கருத்து ஒன்றாகத்தான் இருந்தது. இது கட்டுக்கதைகள், மதம் சார்ந்த கதைகள், ஊர்ப்புறக் கதைகள், என எல்லாக் கதைகளுக்கும் பொருந்தும். அவை எந்த வடிவில் வந்தாலும் அவற்றின் அடிப்படைக் கருத்து, முதன்மைச் செய்தி ஒன்றாகத்தான் இருக்கும்.

இதுவரை சொன்ன இரண்டு முடிவுகளும் இல்லாத மூன்றாவது ஒரு நிலை இருக்கிறது. பல்வேறு வடிவங்களில் வெளியாகும் ஒரே வகையான நிகழ்வுகளின் தொடர், வெவ்வேறு மூலக் கருத்தைக் கொண்டு கையாளப்பட்டால், அவை ஒரே கதை ஆகாது. ஒவ்வொன்றும் ஒரு தனித்தனிக் கதைகள்தாம். ஒரு கதைக்கு ஒரு மூலக் கருத்து மட்டுமே இருக்க முடியும். அந்தக் கருத்து மாறிவிட்டாலோ, பரிணாம வளர்ச்சி அடைந்தாலோ அது புதிய ஒரு கதையாகத்தான் இருக்கும்.

அந்த வகையில், ‘அசுரன்’ திரைப்படம் சொல்லவரும் கருத்து, பூமணியின் ‘வெக்கை’ புதினத்தின் மூலக் கருத்திலிருந்து விலகியே

உள்ளது. 'அசுரன்' திரைப்படம் குறித்த மதிப்புரைகளுக்கு முன் இந்தத் தெளிவைக்கொள்வது ஒரு பெரும் தேவை. 'லாக்கப்' புதினத்தைப் 'விசாரணை' எனப் படமாக்கியபோது அதன் மையக் கருத்தான மனித உரிமை மீறல், கேடு சூழ்ந்துள்ள காவல்துறையின் கட்டமைப்பு குறித்து வலுவான எதிர்க் கருத்தைப் பதிவு செய்திருந்தார் இயக்குநர் வெற்றிமாறன். அந்தப் படத்தின் இரண்டாம் பாதி, புதினத்தில் இல்லாத நிக்ழவுகளால் காட்சிப்படுத்தப்பட்டிருதாலும், கதையின் மையக்கருத்தை மாற்றாமல், அந்த நிகழ்வுகளின் நீட்சியாகத்தான் இருந்தது.

ஆனால், 'அசுரன்' மற்றும் 'வெக்கை' இடையே இந்தக் கருத்தொற்றுமையைக் காணமுடியாது. அடிப்படையில் 'அசுரன்' சாதிய வன்முறைகளை, ஒடுக்குமுறைகளை எதிர்த்துப் போராடும் ஒருவனின் கதை. 'என்னை அடித்தால் திருப்பி அடிப்பேன்', 'கல்வி கற்று உன்னைப் போல ஆதிக்கம் செலுத்தும் நிலைக்கு வந்தால், நீ எனக்குச் செய்ததை நான் யாருக்கும் செய்யமாட்டேன்' என்பதே இந்தப் படத்தின் கருத்தியல். இதுதான் 'வெக்கை'யின் கருத்தியலா என்றால், இல்லைதான்.

அண்ணனைக் கொன்றவனைக் கொல்லும் ஒரு தம்பியைக் காப்பாற்ற அவன் குடும்பமும், அவர்கள் சார்ந்துள்ள சமூகமும் எப்படி நிறுவனமயமாக்கப்பட்ட ஒரு இயங்கியலோடு செயல்பட்டு அவர்களின் அந்தச் சிக்கலில் துணை நிற்கின்றன என்பதே 'வெக்கை'. அம்மா, ஐயா, மாமா, அத்தை, சித்தி, சித்தப்பா, சமூகம் என எல்லோரும் சிதம்பரத்தை எப்படிப் பாதுக்காகிறார்கள் என்பதை ஒரு சிறிய பயணத்தின் வாயிலாக 'வெக்கை' சொல்லும்.

அடிப்படையில் இந்த இயங்கியல் கண்ணோட்டத்தில்தான் 'வெக்கை'யிடமிருந்து 'அசுரன்' வேறுபடுகிறது. இந்த வேறுபாடு அந்தப் புதினத்தின் சில கதாப்பாத்திரங்களைப் படத்தில் தவிர்த்ததில் தொடங்குகிறது. குடும்பத்தின் ஒவ்வொரு உறுப்பினர்களுடனும் சிதம்பரத்துக்கு இருந்த உணர்வுப் பரிமாற்றங்களையும் 'வெக்கை'யில் காணலாம். அந்த உணர்வுகளே அவன் சிக்கலைச் சந்திக்கும்போது அவனுக்கு அரணாகின்றன. அந்த உறவுமுறைகளைக் குறித்த அலசல் 'அசுரன்' படத்தில் குறைவே.

ஒருவேளை அந்த உணர்வுப் போராட்டங்களை முதல் பாதியிலும், தன்னுடைய கருத்தைக் குறித்த நிகழ்வுகளை இரண்டாம் பாதியிலும் காட்டியிருந்தால், 'விசாரணை' போன்றில்லையென்றாலும்

'வெக்கை'யின் மையக் கருத்தின் நீட்சியாகவாவது 'அசுரன்' உருவாகியிருக்கும்.

அதேவேளையில், இதனால் 'அசுரன்' படத்தைக் கொண்டாடுவதற்கான காரணங்கள் அதன் திரைக்கதையில் இல்லை என்ற முடிவையும் எடுத்தவிடக்கூடாது. இந்தப் படத்தைத் தலையில் தூக்கிவைத்துக் கொண்டாடுவதற்கான காரணங்கள் நிறையவே இருக்கின்றன. திரைக்கதையெங்கும் கொட்டிக் கிடக்கின்றன. அதில் முதன்மையானது அந்தப் படம் பேசும் அரசியல். அதிலும் குறிப்பாக அது யாரை எதிர்த்துப் பேசுகிறது என்பதுதான்.

தமிழகத்தின் சாதிய அடக்குமுறைகளுக்கும், ஆதிக்க மனப்பான்மைக்கும் பொதுப்படையான அடையாளங்களாகக் காட்டப்படுபவை சில குறிப்பிட்ட சாதிகள். வட தமிழ்நாடு என்றால் வன்னியர்கள், மத்திய மற்றும் தென் தமிழ்நாடென்றால் முக்குலத்தோர், மேற்குத் தமிழகத்தில் கவுண்டர்கள். இவர்கள் மட்டுமன்றி, வெள்ளாளர்கள், நாடார்கள், முதலியார்கள் உள்ளிட்டோரின் ஆதிக்கத்திலும் சில நிலப்பரப்புகள் அடையாளம்காட்டப்படுகின்றன.

இப்படி ஒரு பகுதியை ஒரு சாதியின் ஆதிக்கப் பகுதியாக்கி ஒரு மேலோட்டமான கருத்தைப் பரப்பிவைத்திருந்தாலும், அதற்கு சற்றும் குறைவில்லாத கொடிய சாதிய வன்முறைகளிலும் அடக்குமுறைகளிலும் ஈடுபட்டவர்கள், அதிலும் தமிழகம் முழுக்க எல்லா பகுதிகளிலும் வெவ்வேறு வடிவங்களில் ஆதிக்கம் செலுத்தியவர்கள் நாயுடு மற்றும் நாயக்கர் சமூகத்தைச் சேர்ந்த பல முதலாளிகளும் ஜமீன்தார்களும்.

சமூகநீதி குறித்துப் பேசத் தொடங்கினால் அந்த வரலாற்றில் அதிகமாக மறைக்கப்பட்டதும் இவர்கள் செய்த அடக்குமுறை பற்றிய வரலாறுதான். அவர்களுக்கு அரசு இயந்திரத்துக்குள் இருக்கும் பலம், செல்வாக்கு, அதிகாரம் உள்ளிட்டவைதாம் அந்த வரலாறு மறைக்கப்பட்டதன் காரணம் எனவும் தமிழ்த் தேசியவாதிகளால் கருதப்படுகிறது. இதையே "இப்போ இருக்கிறது எங்க அரசாங்கம்தான்" என்ற வசனம் மூலமாக வெற்றிமாறன் விளக்குகிறார் என நினைக்கிறேன்.

நீண்டகாலமாகவே அவர்களின் ஆதிக்கம் தமிழக அரசாங்கத்தில் ஓங்கியே இருந்திருக்கிறது என்றும், காமராஜர், பன்னீர்செல்வம், எடப்பாடி பழனிசாமி என இத்தனை ஆண்டுகால தமிழக அரசியலில் தமிழர்களின் தலைமை மிகச் சொற்பமாக இருப்பதன் காரண-

மும் இதுவே என்பது தமிழ்த் தேசியவாதிகளின் நீண்ட கால கருத்தாகவும் இருக்கிறது.

நாயுடு மற்றும் நாயக்கர்களின் சாதிய மனப்பான்மை குறித்த பதிவுகள் இலக்கிய உலகிலேயே மிகக் குறைவுதான். அப்படியென்றால் திரைத்துறையில் சொல்லவே தேவையில்லை. அப்படியிருக்கையில், 'வெக்கை' போன்ற ஒரு கதையின் களத்தை எடுத்து திரைமொழிக்கு மாற்றியது முற்றிலும் பாராட்டுகுரியது.

பாளையக்காரர்களாக இருந்த நாயுடுக்கள் மற்றும் நாயக்கர்கள் தென் மாவட்டங்களில் செய்த நிலப்பறிப்புகள் மட்டுமன்றி, வடமாவட்டங்களில் நிகழ்த்திய குடிசை எரிப்பு, படுகொலைகள், ஒடுக்கப்பட்டவர்கள் காலணிகள் அணிவதைத் தடுக்கும் அடக்குமுறை, நாயுடு நாயக்க முதலாளிகள் ஒடுக்கப்பட்ட சமூக தொழிலாளிகள் மீது செலுத்தும் அதிகாரம், பஞ்சமி நில ஆக்கிரமிப்பு என எல்லாவற்றையும் சேர்த்து காட்சிப்படுத்தியிருக்கிறது 'அசுரன்'.

குறிப்பாக கீழ்வெண்மணி படுகொலையை ஒத்த காட்சி இந்தப் படத்தில் இடம்பெற்றிருப்பது தமிழ்த் திரை வரலாற்றில் மிக முக்கியமான ஒரு நிகழ்வென்றே சொல்லலாம். அந்தப் படுகொலையைத் திட்டமிட்டு நிகழ்த்திய கோபாலகிருஷ்ணன் நாயுடுவை வெட்டிக்கொன்ற அமல்ராஜின் கதையை சிதம்பரத்தின் அய்யா சிவசாமி மீது பொருத்தி அதை அவருடைய முன்கதையாக்கியிருப்பது இந்தப் படத்தின் நோக்கத்துக்கு மேலும் வலு சேர்க்கிறது.

அதனால் 'அசுரன்' படத்தை, இந்தக் குறைகளைக் காட்டி முழுவதும் சாடக் கூடாது என நம்புகிறேன். சாதிய ஆதிக்கம் குறித்த பொதுப்படையான கருத்துக்கள் மீது இதுபோன்ற படைப்புகள் இன்று மிக அவசியமாகின்றன. 'வெக்கை' எழுதப்பட்ட காலக்கட்டத்தில் அதன் நோக்கம் 'ஒடுக்கப்பட்டவர்களின் ஒற்றுமை' என்ற அளவிலேயே நின்றுவிட்டது. அதன் அடுத்த பரிணாம வளர்ச்சியை 'அசுரன்' கூறியிருக்கிறது. கல்விதான் உன்னை உயர்த்தும் என்பதை சத்தமாகச் சொல்லியிருக்கிறது.

'விருமாண்டி'யில் தேவர் சமூகத்தினருக்கிடையில் ஏற்படும் சிக்கலில் விருமாண்டி கதாபாத்திரத்தைக் காப்பாற்றும் நல்லம்ம நாயக்கர் பாத்திரத்தைப் படைத்தது, வரதராஜ முதலியாரின் வரலாற்றை வேலுநாயக்கர் கதையாக்கி 'நாயகன்' படம் எடுத்தது, என காலங்கலாமாக நாயக்கர்களுக்கும் நாயுடுக்களுக்கும் காப்பாளர் வேடம் கொடுத்துக் கொண்டிருக்கிறது தமிழ்த் திரையுலகம்.

அவர்களைப் போற்றுவதும் போற்றாமல் போவதும் அந்ததந்தப் படைப்பாளிகளின் விருப்பமாக இருக்கலாம்.

ஆனால், சாதிய வன்முறைகள் குறித்த படைப்புகளில் தேவர்களையும், வன்னியர்களையும் மட்டுமே சாதி வெறியர்களாகக் காட்டிவிட்டு, அதைவிடவும் கொடிய சாதிய வெறிச் சமூகங்களைப் போற்றுவதுதான் இங்கே நுண்ணுரையாடல் செய்யப்படவேண்டிய பொருள்.

அதனாலேயே அசுரனைப் போற்றவேண்டும் என்பது காலத்தின் கட்டாயமாகிறது. அந்த வழியில் இன்னும் பல வரலாற்றுப் பக்கங்களைப் புரட்டவேண்டியுமிருக்கிறது.

நாயக்கப் படையெடுப்பின்போது தங்களுடன் சக்கிலியர்களை அழைத்துவந்து தமிழச் சமூகத்தில் மனித மலத்தை மனிதர்களைக் கொண்டே அள்ளவைக்கும் வழக்கத்தை உருவாக்கியது, கொலு வைத்தல் போன்ற வழக்கங்களை அறிமுகப்படுத்தி சிறுதெய்வ, காவல் தெய்வ வழிபாட்டு முறைகளை மழுங்கக்கடித்தது என, பல சிந்தனைகளைத் தமிழ்ச் சமூகத்திடம் விதைத்தது என்று எல்லா வரலாற்றுப் பக்கங்களையும் தமிழ்த் திரையுலகம் பதிவு செய்யவேண்டியிருக்கிறது.

அதற்கு 'அசுரன்' ஒரு தொடக்கப்புள்ளியாக மாறியிருக்கிறது என நம்புகிறேன். இது இன்னும் பல அசுரர்களை உருவாக்கும் என்பதில் ஐயமில்லை. அந்த அசுரரகள் எல்லோரும் வெளிவரவேண்டுமாயின் இந்த அசுரனைப் போற்றவேண்டியது மிக மிக அவசியம்.

- சந்தோஷ் மாதேவன்

சென்னை, அக்டோபர் 8, 2019.

பின்வாசல்

பெரும்பாலும் எல்லா அரசியல் நகர்வுகளையும் தமிழ் மொழிச்சாயம் பூசிய ஒரே குறிப்பிட்ட கண்ணோட்டத்திலிருந்து தொடர்ச்சியாக அணுகி, சாதியத்தையும் அதே கண்ணோட்டத்திலிருந்து அணுகி வந்தேன். அதன் கண் வந்த பல வெளிப்பாடுகளில் இந்தக் கட்டுரையும் ஒன்று. சாதியக் கொடுமைகளுக்கு இப்படி மொழிச்சாயம் பூசி, 'தமிழ்க்குடிகள்' நல்லவர்கள் என்ற குடிபெருமை பேசிவிட்டேனோ என என்மீதே எனக்குள் ஒரு ஐயப்பாடு இப்போது எழுகிறது. ஆனால், காலப்போக்கில் அதுவும் மாற எனக்கு வாய்ப்பு கிடைக்காமலில்லை.

11

சந்தோஷ் ஏன் அவளையே நினைத்துக் கொண்டிருக்கிறான்?

தெருநடை
படைப்பு: கடிதம்
வகைமை: பட்டறிவு
இயல்: களவியல்

காதலை ஒரு சுயநலச் சிக்கல் என நம்பிக்கொண்டிருந்தவன், அதன் ஆழத்தையும் தன்னலமற்ற தன்மையை உணர்ந்து, கொஞ்சம் கொஞ்சமாக மாறிக்கொண்டு இருந்தபோது ஒருநாள்.

முன்றில்

உனக்கு முன்னால்
இருபத்துநான்கு பெண்களிடம்
காதலில் விழுந்திருக்கிறேன்...
ஆனால் உன் மீது மட்டும்
ஓராயிரம் முறைக்கும் மேல்
காதலில் விழுந்துவிட்டேன்!
- பென்சில் கிறுக்கல்கள் -
நவம்பர் 16, 2020

அடேய் சந்தோஷ்,

கண்டவுடன் காதலில் உனக்கு நம்பிக்கையில்லை என எனக்குத் தெரியும். ஒரு பெண்ணைப் பார்த்த நொடியிலேயே ஆணுக்கு எழும் காதல் உன் பகுத்தறிவுக்குப் புலப்படாத உணர்வாகவே இருந்துவந்தது. இப்போதும் அப்படியே இருக்கிறது என்றே நம்புகிறேன். பல முறை காதலில் விழுந்து, எழுந்தவன் என்றபோதிலும் இந்த வகைக் காதல் கதைகள் மட்டும் உன்னை எப்போதும் வேடிக்கைக்குள்ளேயே ஆழ்த்தியிருக்கின்றன.

பிறகேன், நீ மட்டும் அவள் நினைவிலேயே நேரத்தைக் கடத்திக்கொண்டிருக்கிறாய். ஒவ்வொரு நாளும் ஒரு முறையாவது உன்னைப் பார்ப்பவன் நான். வலப்பக்க வகிடா இடப்பக்க வகிடா என்பதே உன் அன்றாடத்தின் ஆகப்பெரும் கேள்வியாக இருந்தது. அன்றைய பொழுதில் உன் சீப்பு எந்தப் பக்கம் சரிகிறதோ அந்தப் பக்கம்தானே வகிடெடுத்து முடியை வாரிக்கொண்டிருந்தாய். இப்போது மட்டும் ஏன் கண்ணாடியின் மீது இத்தனை கவனம். வெளியில் எட்டிப்பார்த்த முதல் நரைமுடியைக்கூட வெட்டிவீசிவிட்டாய். அவள் உன்னை அப்படி மாற்றிவிட்டாளா என்ன? போதாத குறைக்கு வெட்கம்வேறு.

வெட்கப்பட்டு, நீ என்னையே கண்ணாடியில் பார்த்து காலம் கழிப்பதெல்லம் இருக்கட்டும். கொஞ்சம் உன்னையும் பார்த்துக்கொள். அவள் நினைவில் இருக்கும் உனக்கு இறுதிவரை எஞ்சப்போவது அந்த நினைவுகள் மட்டும்தான் என்பது நீயே அறிந்தவொன்று. எவ்வளவு முயன்றாலும் உன் வாழ்வை அவள் அலங்கரிக்கப்போவதில்லை. அவள் சூழல் அத்தகையது. இது உனக்கு முதல்முறையுமில்லை.

எனக்குத் தெரியும். அவளைக் கண்ட அந்தத் தருணத்திலேயே அவள் மீது வைத்த கண்ணை உன்னால் அகற்றமுடியவில்லை. உலகில் அழகாகப் படைக்கப்பெற்ற அத்தனையுமே அழகற்றுப்போனது அந்தவொரு நொடியில்தானே. அந்த நாளின் நினைவுகள், அதனைத் தொடர்ந்து வந்த எத்தனைப் பின்னிரவுகளைச் சூறையாடின என்பதும் எனக்குத் தெரியும். அப்படியொரு பின்னிரவில் நீ இதை எழுதிக்கொண்டிருக்கிறாய். அதே கண்ணாடியின் முன் அமர்ந்து. என் முன் அமர்ந்து. இப்போது தூங்கி காலையில்தான் விழிக்கப்போகிறாய். ஆனாலும் என்னைப் பார்க்கும்போதெல்லாம் முடியைச் சரிசெய்துகொள்கிறாய். கண்டவுடன் காதல் என்றால்

உனக்கு வேடிக்கை எனச் சத்தமாகச் சொல்லிவிடாதே. ஊர் சிரித்துவிடும்.

அவள் முடி நெற்றியில் கோலமிடுவதில் உனக்கு என்ன சங்கடம். சுற்றியிருப்பவர்களை மறந்து, சூழலை மறந்து, இடம், காலம், இரவு, பகல் என எல்லாவற்றையும் மறந்து, இப்படியா கண்களை நெற்றியில் மேயவிடுவாய். ஒப்புக்கொள்கிறேன், அவள் அழகாகத்தான் இருக்கிறாள். அவளுடைய சிறு சிணுங்கல்களும் அதனினும் சிறிய இரு இதழ்களுக்கிடையே கோடிட்ட புன்னகையும், உன்னைத் தவிர உலகில் யார் கண்ணுக்கும், ஏன் அவள் கண்ணுக்கே புலப்படாத கன்னக்குழிகளும் அழகாகத்தான் இருக்கின்றன. அப்படியிருந்து என்ன பயன்?

அவளிடம் இதுவரை நீ இவற்றைச் சுட்டிக்காட்டி பேசவில்லை. இனியும் பேசப்போவதில்லை. அப்படி பேசியும் ஒன்றும் ஆகப்போவதுமில்லை. கடைசி வரை அவளிடம் நீ பேசுவதற்காகச் சேகரித்துவைத்திருக்கும் சொற்களெல்லாம் என்னிடம் செய்துகாட்டும் உரையாடல் ஒத்திகைகளிலேயே ஒலித்து ஒலித்து தேயப்போகின்றன என்பதில் நான் தெளிவாக இருக்கிறேன். உனக்கு அந்தத் தெளிவுவரும் வரை காத்திருப்பேன்.

எந்தப் பாடலைக் கேட்டாலும் அது அவளுக்காகவே எழுதப்பட்டதாய் தோன்றுவதெல்லாம் உனக்குப் புதிதல்ல. பல முறை, பல 'அவள்'களுக்காக, பல பாடல்களைக் கேட்டவன் நீ. ஆனால், இப்போது மட்டும் பாடல்களுக்குப் பின்னால் ஏன் விசித்திரமாக அலைந்துகொண்டிருக்கிறாய். ஒருவேளை இதுவரை அந்தப் பாடல்களின் வரிகளில் காணாத ஏதும் புதிய மறைபொருளைக் கண்டுவிட்டாயா என்ன?

தயவு செய்து இது காதல் என்ற முடிவுக்குமட்டும் வந்துவிடாதே. நாளை இன்னொருத்தி வந்தால் இதே பாடல்களில் வேறொரு மறைபொருளைக் கண்டடைவதில் வல்லன் நீ. நா முத்துக்குமாருக்கும் தாமரைக்கும் நாள்தோறும் ஒருமுறையாவது நீ நன்றி சொல்வதைக் கேட்டுக் கேட்டுச் சலிப்படைந்துவிட்டன என் காதுகள்.

இந்தச் சலிப்பைக்காட்டிலும், என் கவலையெல்லாம் ஒன்றுதான். உன் முன்னாள் காதலிகளுக்கு இதழோடு இதழ் பதித்து முத்தமிட்டபோதுகூட கண்களை மூட மறந்தவன் நீ. இப்போதோ, பாப்பாய்க்கும் ஆலிவுக்கும் இடையே மூளும் காதல் காட்சிகளுக்கெல்லாம் வெட்கம்கொள்கிறாய். அவள் உன்னை அப்படி என்னதான் செய்துவிட்-

டாள்.

இந்தக் கனவு நிலைக்கப்போவதில்லை எனத் தெரிந்தும், இதை உண்மை என நினைத்து நினைத்து அதைத் துரத்திக்கொண்டிருக்கி-றாய். இத்தனை ஆசைகளைக் கொண்டிருந்தும் அவளிடம் அதை சொல்லமுடியாது, உனக்கு நீயே கடிதம் எழுதிக்கொண்டிருக்கிறாய். இதிலிருந்தாவது புரியவேண்டாமா உனக்கு?

அவளை நினைத்தபடியே, அவளுக்காகவே எழுதப்பட்டதாகக் கருதி எத்தனையோ நா முத்துக்குமார் பாடல்களைக் கேட்டுத் தீர்த்-துவிட்டாய். அவற்றினூடே நீ கேட்ட ஒரு வரியையும் இங்கே நினைவுபடுத்துகிறேன். உன்னைத் தொட்டு தொட்டு போகும் இந்தத் தென்றல், ஒரு காலமும் உன் தேகமெங்கும் வீசப்போவதில்லை. ஏனென்றால், அது வானவில் இல்லை. வெறும் சாயம். அது தானா-கக் கரைவதற்குள் நீ அதனுள் கரைந்துவிடாதே.

பித்துப் பிடித்து அலைந்ததெல்லாம் போதும். நெற்றியில் சுழன்று பறக்கும் முடி, சிணுங்கல், புன்னகை என, அவளுக்காக மொழியை வளைத்ததும் போதும். அரங்கம் ஏறாத இந்த நடகத்துக்கு ஒத்திகை எதற்கு? அவள் ஓரப் பார்வைகூட உன் மீது விழப்போவதில்லை. அப்படியிருக்கையில் அவளுக்கே தெரியாத காதல் மட்டும் ஏன் உன்னுள் நிகழவேண்டும்?

யார் கண்ணுக்கும் புலப்படாத நீ மட்டுமே ரசித்து, சிக்கிக்கொண்-டிருக்கும் கன்னக் குழிகளைப் பற்றிச் சொன்னேன் அல்லவா. முடிந்-தால், உன் காதலை அந்தக் குழியிலேயே புதைத்து மறைத்து-விடு. அந்தக் கன்னக் குழிகளைப்போலவே உன் காதலும் யாருக்கும் புலப்படாமலேயே போகட்டும்.

இப்படிக்கு,
சந்தோஷ் மாதேவன்,
சென்னை, சனவரி 29, 2020.

பின்வாசல்

ஒரே கோணத்திலிருந்து காதலைப் பார்த்துப் பார்த்துப் பழகி, ஒரே ஒருமுறை ஒரு திருப்பித் கிடைக்கப்பெறாத (unrequited) காதலைக் கண்டடைந்ததும், எல்லாம் மாறிப்போனது. அதன் நினைவுகளிலிருந்து தப்பிப் பிழைத்து வெளியே வந்த பின் அதுகுறித்து எனக்கு நானே எழுதிய கடிதம் இது. இதற்குப் பிறகு நான் கடந்து வந்த காதல் பாடல்கள் எல்லாம் புதிய உட்பொருளுடன் கேட்கத் தொடங்கின. அப்படி ஒரு பாடலின் ஊடும் பாவும் அடுத்த அத்தியாயத்தில்.

12

அங்கமெங்கும் உயிரானவன்

தெருநடை
படைப்பு: பாடல் திறனாய்வு
வகைமை: சுட்டறிவு
இயல்: கற்பியல்

திருக்குறளின் மூன்றாம் பாலான காமத்துப்பாலை ஏன் இன்பதுப்பால் என கற்பித்தனர் என்றும், அதை ஏன் பள்ளியின் வகுப்பறைகளில் சொல்லித்தருவதில்லை என்றும் என்னை நானே கேட்டுக்கொண்டிருந்த காலங்களில் ஒருநாள்.

முன்றில்

காதல் காமம்
முதற்றே உலகு!
- அழுக்குச் சுவர் கிறுக்கல்கள் -
அக்டோபர் 12, 2019

ஒரு பாடல் எப்போதும் அந்தப் பாடலாகவே இருப்பதில்லை. நம்மோடு சேர்ந்தே அதுவும் வளர்கிறது. இது கிட்டதட்ட எல்லா கலைவடிவங்களுக்கும் பொருந்தும் என்றே நம்புகிறேன். முதிர்ச்சியற்ற பருவத்தில் ஒரு பாடல் என்றால் அதன் காட்சிகள்தாம். நாயகன் அணிந்திருக்கும் உடைகள், நாயகி தரும் முத்தம், அவர்களுக்குள் நிகழும் காமம்தான் பெரும்பாலும் சிறு வயதில் முதலில் ஈர்க்கும். நம் உடலும், மனமும் ஒருங்கே ஒரு பருவத்தை எட்டும் வரை பாடலின் மொழி நமக்கு வசப்படுவதில்லை. அப்படிச் சொற்கள் வசப்படும்போது காட்சிகள் தேவைப்படுவதில்லை.

'பூவெல்லாம் உன் வாசம்' படத்தின் 'தாலாட்டும் காற்றே வா' பாடல் அப்படி என்னோடு இணைந்து வளர்ந்த பாடல். ஆரம்பத்தில் எனக்கு அது ஒரு 'ட்ரெயின் பாட்டு' மட்டும்தான். திருச்சியிலிருந்து நாகர்கோவிலுக்குப் பேருந்தில் செல்லும்போது சாலைக்கு இணையாக ஓடிக்கொண்டிருக்கும் தொடர்வண்டித் தடத்தையும், ஒருவேளை அதில் தற்செயலாக ஏதோவொரு தொடர்வண்டியும் சென்றுவிட்டால், அதையும் பார்த்து இந்தப் பாடலைப் பாடியது முதற்பருவம்.

"அது எப்படி அஜித் பாடுறது அவ்வளவு தூரம் தள்ளியிருக்குற ஜோதிகாவுக்குக் கேட்கும்? எட்டு மணிநேரப் பயணத்தில் இந்த ஐந்து நிமிட பாடலை அஜித் 96 முறை மீண்டும் மீண்டும் பாடினால்தான் ஒட்டுமொத்த பயணத்துக்கும் பாடியிருக்க முடியும்" என வீண் தர்க்கம் செய்தது இடைப்பருவம். இப்போது நானும் அந்தப் பாடலும் முதிர் பருவத்தை அடைந்துவிட்டோம். அஜித் சின்னாவாகிவிட்டார். அந்தச் சின்னாவும் சரி, அவர் ஏங்கிப் பார்த்துக்கொண்டிருக்கும் செல்லாவும் சரி, அவர்களின் அந்தப் பயணமும் சரி, எதுவும் தெரியவில்லை. எனக்கும் அந்தப் பாடலுக்கும் இடையே எஞ்சியிருப்பதெல்லாம் அதன் கவிதையும் அதன் பின்னணியில் ஓடிக்கொண்டிருக்கும் தொடர்வண்டியும்தான்.

ஊடல் அளவுக்குக் கூடல்கூட காதலர்களைக் காமுறச் செய்வதில்லை. அவர்களின் மனமும் ஏனோ கைகளுக்கு எட்டும் பழங்களைவிட, தலையெல்லாம் பூக்கள் பூத்து தள்ளாடும் மரமேறி இலைகளின் மீது காதல் கடிதம் வரைய விரும்புகிறது. காதலி அருகிலிருக்கும்போது அவள் மீது கொட்டத்தெரியாத இன்பத்தை, அவளோடு ஏற்பட்டிருக்கும் இந்தப் பேரூடலின் காலகட்டம் வட்டியோடு சேர்த்துக் கட்டணமாகப் பெறுகிறது. சின்னா வட்டியும் முத-

லுமாக செல்லாவின் மீது அதை இந்தப் பாடல் முழுக்கச் செலுத்திக்கொண்டிருக்கிறான்.

நீ எவ்வளவு தூரம் விலகிச் சென்றாலும், என் உயிர் நீதான், என் உரிமை நீதான் என்கிறான் சின்னா. பாடலுக்கு இடையில் அவன் காணும் கனவுகளில்கூட அவன் உலகத்தில் அவள் மட்டும்தான் இருக்கின்றாள். பின்னணியில் அவர்களை விலக்கிவைத்திருக்கும் அந்த இரயிலும். "ஒரு நாள் ஒரு பொழுது உன் மடியில் நான் இருந்து... திருநாள் காணாமல் செத்தொழிந்து போவேனோ" என்கிறான்.

அவன் விரும்புவதெல்லாம் அவர்கள் மட்டுமே கடத்தவேண்டிய தனிமையைத்தான். அந்தத் தனிமையில் என்னவெல்லாம் செய்யவேண்டும் எனப் பாடல் முழுவதும் பட்டியலிடுகிறான். அவள் பாதத்தை நெஞ்சில் பதியவேண்டும், அவள் பன்னீர் எச்சிலைச் சுவைக்கவேண்டும், அவள் கண்களோடு என் கண்களை உரசவேண்டும், நாங்கள் உறவாடி களைத்துப் பேச்சிழந்துகிடக்கும் வேளையில் அவள் கட்டுக்கூந்தல் காட்டில் நுழைந்து கள்ளத்தேனைப் பருகவேண்டும் என அடுக்கிக்கொண்டே போகிறான், சின்னா.

நீ என்னை விட்டு விலகிச் சென்றாலும் நான் உன்னை விடுவதாக இல்லை என்பவன், உன்னைவிட்டு உன் உயிர் விலகிச் சென்றாலும் நான் உன்னை விடுவதாக இல்லை என்றும் சொல்கிறான். காதலில் இந்த விலகல் மட்டும் ஏனோ இன்னும் அதிகமாகத்தான் காதலிக்கவைக்கிறது. "உன் உடலை உயிர் விட்டுப் போனாலும் என் உயிரை உன்னோடு பாய்ச்சேனோ", அப்படிப் பாய்ச்சியாவது உன் அங்கம் எங்கெங்கும் உயிராகி நீ வாழும் வரை நானும் வாழ்ந்துவிடுவேன் எனச் செல்லாவிடம் தன்னை முழுமையாக ஒப்படைக்கிறான்.

இந்த வரியின் ஆழத்தைப் புரிந்துகொள்ள எனக்கோ பல காதலிகளைக் கடந்துவரவேண்டியிருந்திருக்கிறது. ஒருவேளை இந்தப் பாடலை விளங்கிக்கொள்ளும் பருவம் முன்பே வந்திருந்தால் எப்படிக் காதலித்திருக்கவேண்டும் என்றும் கற்றிருப்பேன், விலகிச் சென்ற காதலிகளையும் விடாமல் பிடித்துவைத்திருப்பேன். வளரத் தாமதித்துவிட்டேன். 'ட்ரெயின் பாட்டு', காதல் பாடலாக மாறுவதற்குள் 17 காதலிகளை இழந்துவிட்டேன்.

தொடர்வண்டிகளுக்கும், காதலர்களுக்கும் அப்படி என்னதான் ஒப்பந்தம் என்று தெரியவில்லை. ஊடல், கூடல், முத்தம், புணர்ச்சி,

மௌனம், பிரிவு, எனக் காதலின் எல்லா அங்கங்களையும் பார்த்துவிட்டன. இத்தனைக் காதலர்களைச் சுமந்து சென்ற தொடர்வண்டி சின்னாவை மட்டும் பின்தொடர வைத்திருக்கிறது. எத்தனை மகிழ்வான விழாவுக்குச் சென்றாலும், எத்தனைப்பேருடன் குழுவாகச் சென்றாலும், தொடர்வண்டியின் ஜன்னல் இருக்கை தனிமையையும், மென்சோகத்தையும் இரயில் நிலையத்தைவிட்டு வெளியேறிய ஒரு சில மணித்துளிகளிலேயே கொடுத்துவிடுகிறது.

அப்படி அந்தத் தனிமையிலும் மென்சோகத்திலும் ஜன்னலுக்கு வெளியே எட்டிப்பார்க்கும்போது சின்னா மட்டும்தான் செல்லாவுக்குத் தெரிகிறான். அந்த விலகல்தான் சின்னா பாடியதையெல்லாம் செல்லாவுக்குக் கேட்கவைத்தது. அந்தத் தொடர்வண்டி அவனை விட்டுச் சென்றதும் நன்மைக்குத்தான். அவளோடு அதே தொடர்வண்டியிலேயே பயணித்து அவளது எதிர் இருக்கையிலிருந்து பாடியிருந்தால் கூட அந்தப் பாடல் அவளுக்குக் கேட்காமல் போயிருக்கும். அந்தத் தொலைவுதான் அவள் கனவில் அவனை அருகில் இட்டுவந்திருக்கிறது.

என் கடந்தகாலத்தின் மீது எனக்கிருக்கும் வியப்பெல்லாம் ஒன்றுதான். "ஆளில்லாத இரும்புப் பாதையைப் பார்த்தா சிறு வயதில் இந்தப் பாடலைக் கொண்டிருந்தேன்?" என இப்போது என்னை வெட்கம் கொள்ளச் செய்துவிட்டது இந்தப் பாடல். செல்லா அவ்வளவு தூரம் தள்ளியிருப்பதே, சின்னா அவளை மார்போடு அணைத்து அவள் மூச்சுவிடும் வாசனையை முகரவேண்டி, தன் கர்வத்தையெல்லாம் தொலைத்து ஏங்கவேண்டும் என்பதற்குத்தான் என்றே விளங்கிக்கொள்கிறேன். என் முந்தைய பருவங்களிலிருந்த எல்லா கருத்துக்களும் இந்தப் பருவத்தில் உடைந்துபோய்விட்டன.

– சந்தோஷ் மாதேவன்,

சென்னை, ஏப்ரல் 10, 2020.

பின்வாசல்

இப்போது திரும்பிப் பார்த்தால், ஒரு திரைக்கதை ஆசிரியராகவும் எனக்கு இது ஒரு வித படிப்பினையாக இருந்திருக்கிறது. ஒருவருக்கு ஒரு திரைப்படம் அவருடைய எல்லா வயதுப் பருவங்களிலும் ஒரே பொருளைக் கொடுக்கவேண்டிய அவசியமில்லை. அவர் வளர வளர அந்தத் திரைப்படமும் அவருடன் வளர்கிறது. அவருடன் சேர்ந்து மாறுகிறது. அதை உணர்ந்து எழுதப்பட்ட திறனாய்வு இது.

13

எட்டு செகண்ட் முத்தம்

தெருநடை
படைப்பு: சிறுகதை
வகைமை: பட்டறிவு
இயல்: களவியல்

ஊரடங்கு காலத்தில் திரையரங்குகளையும் முன்னாள் காதலிகளையும் நினைத்து, இரண்டையும் மறக்க முடியாமல் திணறிப்போன ஒருநாள்.

மூன்றில்

திரைப்படம் எப்படி தணிக்கை செய்யப்பட்டிருந்தாலும்
திரையரங்கின் மூலை இருக்கைகளுக்கு
எப்போதும் ஒரே சான்றிதழ்தான்!
- அழுக்குச் சுவர் கிறுக்கல்கள் -
அக்டோபர் 2, 2019

எஸ்கலேட்டர் படிகட்டுகளுக்கு இருக்கும் விசித்திர பண்பு அவன் கண்களுக்கு அன்றுதான் புலப்பட்டது. ஏன் அவை மற்ற படிகட்டுகள் போல் இருவழிப் பாதையாக இருக்கவில்லை என அவனைச் சிந்திக்கத் தூண்டியது. கீழ் நோக்கி இறங்கும் படிகட்டுகளால் ஏன் மேல் நோக்கி ஏற முடிவதில்லை என்றெல்லாம் கேள்வி எழுப்பினான். காரணம், அவள்.

திரைப்படம் தொடங்கும் நேரத்துக்காக திரையரங்கின் வெளியே காத்துக்கொண்டிருந்த வேளை. பல திரைகளை உள்ளடக்கிய மல்டிப்ளெக்ஸ் அது. ஒரு பன்னடுக்கு மாடிக் கட்டடத்தில் அமைந்திருக்கும் பேரங்காடியின் மேல் தளத்தில் அமைந்திருக்கும் அரங்கம். அதனால் எப்போதும் ஏதோ ஒரு படத்தைக் காணவோ, அல்லது இடைவேளையினாலோ மக்கள் கூட்டம் விரவிக்கிடக்கும் தளம். அதில் கண்ணாடியால் எழுப்பப்பட்ட மதிற்சுவரில் சாய்ந்து வேடிக்கை பார்த்துக்கொண்டிருந்தான்.

தன் வீட்டு மொட்டை மாடியிலிருந்து பார்த்தால் தெரியும் தூரத்தில் திரையரங்கு. வீட்டுக்கு அருகிலேயே அந்தப் பேரங்காடி இருப்பதால் எப்போதும்போல் அன்றும் சீக்கிரமாக நடந்தே வந்துவிட்டான். பொதுவாக திரைப்படம் தொடங்கும் நேரத்துக்கு முன்னதாகவே வந்துவிடும் அவனுக்கு எப்போதும் அந்த அர்த்தமற்ற காத்திருப்பு அறவே பிடிக்காதது.

என்றாலும் தணிக்கைக் குழு என்ன சொல்கிறது என்பதில் தொடங்கி இயக்குநர் என்ன சொல்கிறார் என்பது வரை எல்லாவற்றையும் ஒரு திரைப்படத்தில் முழுமையாகப் பார்ப்பதுதான் அந்தக் கலைக்கு அதன் பார்வையாளர்கள் சேர்க்கும் முதல் மதிப்பு என்பது அவன் தீரா நம்பிக்கை. அன்றும் எப்போதும்போல் அந்தக் காத்திருப்பைச் சகித்துக்கொள்ளலாம் என்ற முடிவை எட்டும், அரை நொடிக்கு முன்பு அதற்கு அர்த்தம் சேர்க்க அவன் கண்முன் தோன்றினாள், அவள்.

ஒரு கோல்டு காஃபி கோப்பை, தன் உலகத்தை அடக்கிய தோள் பை, ஒரு தோழி என அவள் அந்த ஒட்டுமொத்தத் திரையரங்கத் தளத்தையும் அலங்கரித்துக் கொண்டிருந்தாள். சில பெண்களைப் பார்த்தால் பேசத் தோன்றும், நாள் முழுக்க அவர்களைப் பேசவிட்டு, கேட்டுக்கொண்டே இருக்கலாம் என்றும் தோன்றும். சிலரைத் தோளோடு தோள் சேர்த்துத் தோழியாக்கிக்கொள்ளத் தோன்றும். சிலர் மீது வயதுக்கு ஏற்ற ஈர்ப்பு மூளும். சிலரை அள்ளி

அணைத்து முத்தமிடலாம் என்றுகூட தோன்றும். அப்படி ஒவ்வொரு பெண்ணிடமும் பிடித்துவிடுவதற்கான காரணம் என ஏதோவொன்று அவனிடம் இருக்கும். ஆனால், அதுவரை எந்தப் பெண்ணிடமும் தோன்றாத ஒன்று, அன்று அவனுக்கு அவளிடம் பிடித்தது. அது அந்த தூரம்.

தன்னைவிட்டு சில மீட்டர்கள் தொலைவில் நின்றுகொண்டிருக்கும் அந்தப் பெண் யார் என அவனுக்குத் தெரியாது. அவன் தெரிந்துகொள்ளவும் விரும்பவில்லை. ஆனால், அவள் தொலைவில் இருப்பதால்தான் அவள் மீது எழுந்த உணர்வுகளுக்குள் சட்டென்று வசப்பட்டுவிட்டான் என்பதை மட்டும் உணர்ந்துகொண்டான். அருகில் நின்றிருந்தால்கூட அந்த உணர்வு தனக்கு வந்திருக்காதோ, எனத் தன்னைத்தானே கேட்டும்கொண்டான்.

ஒரு சூழல் ஒரு பெண்ணை எப்படியெல்லாம் அழகாக்குகிறது. தன் கைபேசியைத் தோள் பையிலிருந்து வெளியே எடுக்க முயன்றபோது, காஃபி அந்தக் கோப்பையிலிருந்து சிந்தாமலிருக்க அவள் மேற்கொண்ட மெனக்கெடல்கள், அவன் கண்களுக்கு அவளை இன்னமும் அழகாகக் காட்டின. என்ன நினைத்தாளோ தெரியவில்லை, எடுத்த கைபேசியை மீண்டும் பைக்குள்ளேயே வைத்துவிட்டு, தன் தோழியின் கைகளைப் பிடித்துகொண்டு எஸ்கலேட்டரில் காலடி எடுத்துவைத்தாள். அவன் அப்போதுதான் சுய நினைவுக்கு வந்தடைந்தான்.

அவள் அவனைவிட்டு விலகிச் செல்கிறாள். அதுவரை அவன் ரசித்துவந்த தூரம் ஒரே வினாடியில் அவன் மீது கோபத்தையும் அதிர்ச்சியையும் அள்ளிப்பூசிவிட்டு, அவனைப் பார்த்து ஏளனமாகச் சிரித்தது. ‘உயிரே’ படத்தில் சுஜாதா எழுதிய வசனம் அவனுக்கு அந்தச் சிரிப்பு சத்தத்தின் எதிரொலியானது. "உலகத்தோட சுருக்கமான காதல் கதை இதுதான்" என அந்த தூரம் அவன் காதுகளில் ஓதியது.

ஆனால், காலம் அவனுக்கு வேறொரு நம்பிக்கையைத் தந்தது. அதுவரை அவளை ரசித்து வந்த அந்தச் சில நொடிகளுக்கான எதிர்வினை, அவள் பார்வை. ஒரு நொடி அவன் அந்த தூரத்தின் மீது வீசிய வெறுப்பை, மீண்டும் காதலாக்கியது, அவள் அவனைப் பார்த்த அந்தக் கணம். அந்தக் கோல்டு காஃபி கோப்பை நுனியைத் தன் இதழ்களுக்கு இடையே பதிக்க அவள் முனைந்த அந்தக் கணம்.

இருவரும் ஒருவரையொருவர் ஒரு நொடிக்கும் குறைவாகப் பார்த்துக்கொள்ள, எஸ்கலேட்டரோ அந்தத் தளத்திலிருந்து அவளைக் கீழ்த் தளத்துக்குக் கடத்தத் தொடங்கியது. தூரத்தின் மீது இருந்த கோபமும் வெறுப்பும் எஸ்கலேட்டரின் மீது பாய்ந்தன. எஸ்க-லேட்டேரின் படிக்கட்டுகள் தானாக நகரவேண்டும் என யார்யாரெல்-லாம் முடிவு செய்தார்களோ அவர்கள் அனைவரையும் கழுவிலேற்றி மரண தண்டனை விதிக்கவேண்டும் என்றெல்லாம் அவனுக்குத் தோன்றியது.

ஒருவரையொருவர் பார்த்துகொண்டிருப்பதை இருவரும் உணர வெகுநேரம் அவர்களுக்குத் தேவைப்படவில்லை. சட்டென்று தத்தம் பார்வையின் திசையை மாற்றிக்கொண்டனர். அவனுக்கோ அவளும் தன்னைப் பார்த்துவிட்டாள் என்ற பேரானந்தம். ஆண்டுக்கு ஓரிரு-முறை மட்டுமே கடற்கரைக்குச் செல்பவர்களின் கால்களை நனைக்-கும் முதல் அலை அப்படித்தான் ஒரு உணர்வைக் கொடுக்கும். ஆனால், என்ன செய்வது, கடல் அலை காலடியிலேயே நிலைத்-திருப்பதில்லையே. மீண்டும் கடலுக்குள்ளேயே தன்னைப் பூட்டிக்-கொள்ளும். அவளும் அப்படித்தான் விலகிச் செல்கிறாள். அந்த அலை திரும்பப் போவதில்லை.

அவன் மீண்டும் அவள் பக்கம் திரும்பினான். இப்போது அவள் காஃபி குடிக்கத் தொடங்கியிருந்தாள். கோல்டு காஃபி கோப்பை சாதாரண காஃபி குவளைகள் போலில்லை என்பதை அப்போதுதான் உணர்ந்துகொண்டான். அவற்றைவிட இவை அளவில் பெரியவை. அந்த வட்டமான அழகிய முகத்தின் பெரும் பகுதியை மறைத்-துவிட்டது. கண்களையும் நெற்றியையும் மட்டுமே தன் பார்வைக்கு விட்டுவிட்டு பிறையாகச் சுருங்கிப்போனது அந்த முகம்.

எஸ்கலேட்டரை வடிவமைத்தவர்கள் மீதிருந்த கோபத்தில் கொஞ்-சம் எடுத்து, இந்தக் காகிதக் கோப்பையை வடிவமைத்தவர்களுக்குப் பகிர்ந்தளித்தான். அதற்குள் அவளை மேலும் சில படிகளுக்குக் கீழ் நோக்கி கடத்திவிட்டது எஸ்கலேட்டர். இதற்குப் பிறகு இந்த ஊரில் இவளை மீண்டும் பார்க்கப்போவது அத்தனை எளிதல்ல என்பதில் தீர்மானமாகிவிட்டான். அதனால், பார்வையைவிட்டு விலகும் வரை அவளைப் பார்ப்பதை நிறுத்தப்போவதில்லை எனக் கூறிக்கொண்-டான்.

அப்போது கோப்பையை வலக்கையிலிருந்து இடக்கைக்கு மாற்-றிவிட்டு, கன்னத்தின் மீது பரவிக்கிடந்த முடியை விரல்களுக்குள்

வசப்படுத்தி தன் வலப்பக்கக் காது மடலுக்குப் பின்னால் சிறைபிடித்தாள். கூந்தலோடு சேர்ந்து அவனும் சிறையானான். அப்படியே முடியை ஒதுக்கியவாறே மீண்டும் பார்வையை அவள் அவன் மீது பாய்ச்சினாள். இப்போது மீண்டும் ஒரு நொடி இருவரின் பார்வைகளும் ஒன்றொடொன்று உறைந்துகொண்டன. முதன்முறை போலவே அவள் பார்வையை ஒரு குழப்பத்தோடு விலக்கிக்கொண்டாள். அவனோ, தன் முடிவை மாற்றிக்கொள்ளாமல் அவளையே பார்த்துக்கொண்டிருந்தான்.

மேலும் சில தூரம் கீழ் நோக்கிக் கடத்தப்பட்டாள். இவன் மேல் தளத்தில் நின்றுகொண்டிருந்ததால், உயரமும் கோணமும் அந்த பிறை முகத்தை இன்னமும் அதிகமாகச் சுருக்கிவிட்டன. ஏற்கனவே, எஸ்கலேட்டர் கீழ்த் தளத்தை நோக்கி அவளைப் பாதி தூரத்துக்கு கூட்டிச் சென்றுவிட்டது. இன்னும் சில வினாடிகளில் அவள், தன் நினைவுகளில் மட்டுமே நிலைத்திருக்கப் போகிறாள் என்பதை உணர்ந்துகொண்டான். என்றாலும் அவளைப் பின் தொடர்ந்து சென்று பேசத் தோன்றவில்லை. அவனையும் அறியாமல் அவர்களுக்கு இடையில் அதிகமாகிக்கொண்டே போன அந்த தூரத்தில் மயங்கி, அந்தப் போதைக்கு அடிமையாகிப்போனான்.

இது இப்படியே இருக்கட்டும், இதுவே சுகமாகத்தான் இருக்கிறது என ஏற்கனவே அந்தக் காதல் கதைக்கு முடிவுரை எழுதத் தொடங்கிவிட்டான். அதற்குக் காரணம் அவன் சோம்பேறித்தனமா, பெண்களைப் பின்தொடர்ந்து தொல்லை செய்யக்கூடாது என்ற அறமா, இல்லை திரைப்படம் தொடங்கும் நேரம் நெருங்கிக்கொண்டிருக்கிறது என்ற கவலையா என்றெல்லாம் அவனுக்குத் தெரியவில்லை. ஆனாலும், அந்த தூரம் அவனுக்குப் பிடித்திருந்தது. அவள் மீண்டும் அவனைப் பார்ப்பாள் என நம்பி அங்கிருந்தபடியே தன் பார்வையை விலக்காமல் இந்த விவாதங்களை மனதுக்குள் நிகழ்த்திக்கொண்டிருந்தான்.

இன்னும் சில படிகள் கடந்திருந்தன. ஆனால், அவள் பார்க்கவில்லை. அடுத்தத் தளத்தை நோக்கி இறங்க இறங்க, அவள் கீழ் இமைகள், இமைகளுக்கிடையே இருக்கும் விழிகள், மேல் இமைகள் என ஒவ்வொன்றாக அவன் பார்வையின் கோணத்திலிருந்து தம்மை விடுவித்துக்கொண்டிருந்தன. இறுதியில் எஞ்சியது நெற்றியும் அதன் மீது படர்ந்திருந்த சில கூந்தல் முடிகளும்தாம். கிட்டத்தட்ட அவள் கீழ்த் தளத்தை அடைந்துவிட்டாள். அவள் நெற்றிக் காட்சியையும்

கொஞ்சம் கொஞ்சமாக அவன் பார்வை இழக்கத் தொடங்கியது. அவனும் அவள் மீண்டும் பார்ப்பாள் என்ற நம்பிக்கையை இழக்கத் தொடங்கியிருந்தான்.

கீழ்த் தளத்தை அடைந்துவிட்டாள். இப்பொது அவனுக்குச் செங்குத்தாக கீழே நின்றுகொண்டிருந்த அவளின் தலைமுடி மட்டுமே அவனுக்குத் தெரிந்தது. காதலைப் பொறுத்தவரை நம்பிக்கை எப்போதும் ஒட்டுமொத்தமாக விடுதலை பெற்றுவிடாது. எல்லாவற்றையும் பருகிமுடித்த பின்னும், கோல்டு காஃபி கோப்பையின் அடியில் எஞ்சியிருக்கும் ஒரு சில துளிகளைப் போல காதலில் நம்பிக்கை எஞ்சியிருக்கும். அப்படி எஞ்சியிருந்த நம்பிக்கை, அவனை முன்னே தள்ளியது. அந்தக் கண்ணாடி மதிற்சுவருக்குக் கீழ் பலத்துக்காக அமைக்கப் பட்டிருந்த மேடை மீது ஒரு காலை அழுத்தமாகப் பதித்து கீழே அவளை எட்டிப்பார்த்தான். இப்போது அவள் அந்தக் கோல்டு காஃபி கோப்பையை முகத்திலிருந்து விலக்கியிருந்தாள்.

எஸ்கலேட்டரிலிருந்து வெளியேறி நடந்தவள், தன் வேகத்தைக் குறைத்துக் கொண்டு ஏதோ சிந்தித்தவாறு நின்றாள். இவனுக்கோ தீர்ந்துபோன கோல்டு காஃபி கோப்பையை மீண்டும் ரீ-ஃபில் செய்த அளவுக்கு நம்பிக்கை ஒரே நொடியில் பொத்துக்கொண்டு ஊற்றியது. தன் நெற்றி, அதில் பதிந்திருந்த வரிகள், புருவங்கள், மேல் இமைகள், விழிகள் என எல்லாவற்றையும் ஒருசேர உயர்த்தி, அவனைக் கடைசியாக ஒரு முறை பார்த்தாள். இம்முறை அந்தப் பார்வையில் எந்தக் குழப்பமும் இல்லை. தெளிவு, தீர்க்கம், பிடிப்பு மற்றும் காதல் என எல்லாம் கலந்திருந்தது. அவள் பார்வையை அவனிடமிருந்து விலக்கவுமில்லை.

அவனுக்கு இவையெல்லாம் விளங்க நீண்ட நேரம் எடுக்கவில்லை. அவனுக்குள் உதித்த காதல் அவளுக்குள்ளும் வந்துவிட்டது என்பதை உணர்ந்து, அவளைப் பார்த்து அவனும் கடைசியாகப் புன்னகைத்தான். பதிலுக்குப் புன்னகைத்தவள் தன் தோழியை அள்ளி அணைத்து இழுத்தவாறு அங்கிருந்து விடைபெற்றாள். பார்வையிலிருந்து விலகியவள், நினைவுகளுக்குள் குடியேறினாள். சுஜாதா எழுதியதைவிடச் சுருக்கமான காதல் கதையில் அப்போது அவன் வாழ்ந்து முடித்திருந்தான்.

அவள் பெயரையோ, எங்கிருந்து வந்தாள் என்பதையோ அறிய அவனுக்கு விருப்பம்வரவில்லை. ஆனால், அவளை மீண்டும் ஒரு-

முறை அதே தூரத்திலிருந்து கண்டு காதலுற வேண்டும் என்ற எதிர்ப்பார்ப்பு அவனிடம் இருந்தது. அதற்காகவே அடிக்கடி அந்தத் திரையரங்குக்குச் செல்லத் தொடங்கினான். அங்கே ஓடிக்கொண்டிருக்கும் அத்தனைப் படங்களையும் பார்த்தாயிற்று. இனி பார்ப்பதற்குப் படமேயில்லை என்றபோதும் அங்கே நித்தமும் அவளைத் தேடிக்கொண்டிருக்கிறான்.

அவ்வப்போது, தன் வீட்டு மொட்டை மாடியிலிருந்து அந்தப் பேரங்காடியையே பார்த்துக்கொண்டிருக்கிறான். பலநூறு கோடி ரூபாய் மதிக்கத்தக்க கட்டடம், இப்போது அவள் நினைவுகளால் மட்டுமே சூழப்பட்டிருக்கிறது. வெறும் எட்டு நொடிகளை மட்டுமே தன் வாழ்நாளில் எடுத்துக்கொண்ட பெண்ணுக்காகவா இப்படியெல்லாம் என அவனுக்கே இது வேடிக்கையாகத்தான் இருக்கிறது. எட்டு நொடிகளாகவே இருந்தாலும், அது காதல் அல்லவா?

- சந்தோஷ் மாதேவன்,

சென்னை, ஏப்ரல் 15, 2020.

பின்வாசல்

காதலுக்குப் பாதகம் விளைவிக்க கோபம், அகந்தை, பொறாமை, காலம், மொழி, இனம் என இயற்கை பலவற்றை உருவாக்கியிருக்கிறது. மனிதனும் தன் பங்குக்கு சாதியையும் மதத்தையும் உருவாக்கிவைத்திருக்கிறான். உலகின் பெரும்பாலான காதல் தோல்விகளுக்குக் காரணங்கள் இவைதாம். ஆனால், இந்தக் காதல் கதையின் முடிவுக்கு ஒரு எஸ்கலேட்டரின் படிகட்டுகள்தாம் காரணம். பரவாயில்லை இருக்கட்டும்.

14

தேடும் கண்களே... தேம்பும் நெஞ்சமே...

தெருநடை
படைப்பு: சிறுகதை
வகைமை: பட்டறிவு
இயல்: கற்பியல்

காதலுக்கு வேறென்ன வடிவங்கள் எல்லாம் இருக்க முடியும் என என்னோடு நான் விவாதித்துக் கொண்டிருந்த ஒருநாள்.

முன்றில்

மரங்கள் அடர்ந்த சாலையில்
அத்தனை எளிதில்
மழை விடுவதில்லை!
- அழுக்குச் சுவர் கிறுக்கல்கள் -
திசம்பர் 1, 2019

அந்தப் பேனா முனை வெள்ளைத் தாளின் மீது ஒரு அசைவுமின்றி ஒரே இடத்தில் குத்தி நின்றுகொண்டிருந்தது. சிந்தனைகள் தடைபட்டு நின்றதால் நீண்ட நேரம் எழுத முடியாமல் அப்படியே அமர்ந்தபடி தன் மேசைக்கு நேராக மேலே சுவற்றில் தொங்கிக்கொண்டிருந்த அப்பாவின் மாலையிட்ட படத்தை வைத்தக் கண் எடுக்காமல் பார்த்துக்கொண்டிருந்தான், கவின். அவன் அப்பா இறந்தபோதுகூட அவனுக்குள் இத்தனை சோகம் மூளவில்லை. அப்பா என்றால் என்ன என்பதைக்கூட புரிந்துகொள்ள முடியாத மூன்று வயதில் அவர் இறந்தார் என்பதால் அப்படி அழவில்லை என இன்றுவரை தனக்குத்தானே ஆறுதல் சொல்லிக்கொள்கிறான். என்றாவது அப்பாவை மீண்டும் பார்க்கிற வாய்ப்பு கிடைத்தால் அவரை இறுக்கி அணைத்து ஆரத்தழுவி கதறி அழவேண்டும் என அவனுக்குத் தீராத ஆசை.

படத்தில் சிரித்துக்கொண்டிருக்கும் அப்பாவைப் பார்த்துவிட்டு அப்படியே மீண்டும் அந்த வெள்ளைத் தாளைப் பார்க்கிறான். அதில், 'ப்ரியா என்ன இப்படி ஏமாத்திட்டு போயிருக்கக் கூடாது. நானும் அவள அவ்வளோ நம்பியிருக்கக்கூடாது', என எழுதியிருக்கிறது. ஒரு முழுநீள நாவலை ஒரே இருப்பில் எழுதி முடித்தவனுக்கு, தன் முன்னாள் காதலி குறித்து எழுத அதற்கு மேல் வார்த்தை வரவில்லை. ஒன்றாக ஊர் சுற்றியது, தனிமையில் முத்தமிட்டுக்கொண்டது, கலவியுற்றது, சேர்ந்து குளியலறையில் நீராடியது, உலகத்தை மறந்து ஆயிரக்கணக்கான பாடல்களைக் கேட்டது என பல நினைவுகள் அவனுள்ளே இருந்தாலும், அவள் ஏமாற்றியது மட்டுமே தற்போது அவன் நினைவுகளை நிரப்பியிருக்கிறது.

அடுத்த வார்த்தை எழுத முடியாமல் மீண்டும் தன் அப்பாவைப் பார்த்து, "அப்பா, என்னால முடியல... உங்களப் பாக்கணும் போல இருக்கு... ப்ரியாவப் பத்தி ஞாபகமும் திரும்பத் திரும்ப வந்துக்கிட்டே இருக்கு... இந்த வலிய என்னால தாங்கிக்க முடியல... நானும் அங்க வந்துடுறேன்..." எனக் கூறி கண்கள் கலங்கிய படி அப்படியே மேசை மீது குனிந்து அழுதான். அப்போது, பின்னந்தலையில் ஏதோ பட்டு பின் மேசையில் விழுந்ததுபோல் உணர, சட்டென்று எழுந்தான். அது ஒரு காய்ந்த செவ்வந்திப்பூ. அதை அதிர்ந்து பார்த்துவிட்டு அப்படியே மீண்டும் மேலே பார்க்க, அப்பாவின் படத்திலிருந்த பூமாலை லேசாக ஆடிக்கொண்டிருந்தது. அந்த மாலையில் இருந்த செவ்வந்திப்பூக்களில் ஒன்று மட்டும் உதிர்ந்த தடம் இருக்க,

அதிர்ச்சியானான்.

திடீரெனத் தன்னுடன் யாரோ அந்த அறையில் இருப்பதைப் போன்ற உணர்வு. பதற்றத்துடன் எழுந்து அறையைச் சுற்றும் முற்றும் பார்க்கிறான். பார்த்துவிட்டு அப்பாவின் படத்தை மீண்டும் பார்க்கி-றான். அந்தப் படத்தின் ஃப்ரேமில் இருந்த கண்ணாடியில் அப்பா-வின் முகத்தின் மீது தன் பிம்பத்தைப் பார்த்து ஒரு நொடி கலக்-கமாகிறான். அந்தப் பதற்றமான முகத்தில் அப்பாவின் சிரிப்பு சேர, தான் சிரிப்பதுபோலவே அவனுக்குத் தோன்றியது.

குழப்பத்தில் நின்றுகொண்டிருந்தவனுக்கு இரண்டாவது அதிர்ச்சி. சற்றும் எதிர்பாராத நேரத்தில் குளியலறையிலிருந்து 'ஆகாசவாணி நீயே என் ராணி...' என அவனக்கு மிகவும் பழக்கமான பாடல் ஒலித்தது. சில வினாடிகள் அதிர்ந்து மீண்டும் சாந்தமாகி பெருமூச்-சுவிட்டான்.

அது அவனுக்குப் புதிதல்ல. அவன் தங்கியிருக்கும் அடுக்குமாடி கட்டடத்தில் எல்லா வீடுகளில் இருக்கும் குளியலறைகளையும் தரைத்தளத்திலிருந்து மொட்டைமாடி வரை இணைக்கும் விதமாக பெரிய துளை ஒன்று இருக்கும். குளியலறை, கழிப்பறைகளிலிருந்து வெளியேறும் துர்நாற்றத்தை வெளியே தள்ள அப்படியொரு அமைப்பு. அந்தத் துளை வழியாக எப்போதுமே கீழ் வீட்டிலும், மேல்வீட்டிலும் என்ன நடந்தாலும் கேட்கும். அவன் கீழ் வீட்டுக்கு புதிதாக ஒரு பேச்சிலர் குடி வந்திருக்கிறார். அவர் எலக்ட்ரீஷியன் என அம்மா கூறியிருந்தார்.

அதனால்தானோ என்னவோ எப்போதும் ஒரு அமானுஷ்ய எதி-ரொலி கலந்து இளையராஜா, ரஹ்மான், தேவா, ஹாரிஸ் ஜெயராஜ் என எல்லா இசையமைப்பாளர்களின் பாடல்களும் கீழ்வீட்டில்ருந்து கேட்கும். ப்ரியா அவனை விட்டுச் சென்ற பிறகு அவளுடன் இணைந்து கேட்ட பல பாடல்கள், இப்போது மீண்டும் மீண்டும் அந்தத் துளை வழியாகக் கேட்கும்போதெல்லாம் வழக்கம்போல பழைய நினைவுகளுக்குள் சென்றுவிடுவான். குறிப்பாக, அன்று-கேட்ட 'ஆகாசவாணி' பாடல் அவனை இன்னும் சோகத்தில் ஆழ்த்தியது.

ப்ரியாவை முதல் முதலாக தன் நண்பனின் திருமண வீட்டில் சந்தித்தபோது இருவரும் நீண்ட நேரம் உரையாடினார்கள். அந்த உரையாடலிலேயே அவள் மீது காதலில் விழுந்துவிட்டான். அவளுக்கும் தன்னைப் பிடித்துவிட வேண்டும் என்ற ஆசையில்

மிகக் கவனமாகப் பேசினான். அவனுக்குப் பிடித்த இசையமைப்பாளர் யார் எனக் கேட்டபோதுகூட அவனைக் குறைத்து மதிப்பிட்டுவிடக்கூடாது என நினைத்து இளையராஜாவைத் தவிர வேறு யாருடைய பாடலையும் விரும்பிக் கேட்பதில்லை என்றான். ஆனால் அவளோ அதற்கு எந்த விதச் சலிப்பும் இல்லாமல், "எனக்குப் புடிச்ச மியூசிக் டைரக்டர் தேவாதான்" என்றாள். தன் முகத்தில் தானே மனதுக்குள் உமிழ்ந்துகொண்டு அவளை மேலும் ரசிக்கத்தொடங்கினான்.

"நீயும் தேவா பாட்டெல்லாம் ரசிச்சு கேட்டுப் பாரு... உனக்கும் பிடிக்கும்..." எனக் கூறி அவனை முதல் முதலாக அவள் கேட்கவைத்தப் பாடல்தான் ‘ஆகாசவாணி’. அதன் பிறகு அவர்கள் இருவரும் இணைந்து பல பாடல்களைக் கேட்கத் தொடங்கி, ஒருவரோடு ஒருவர் அந்த இசையாலேயே காதல்வயப்பட்டார்கள். ஆனால், அதை எப்படிச் சொல்லிக்கொள்வது என இருவருக்குள்ளும் கூச்சம் எஞ்சியிருந்தது.

ஒரு நாள், "எனக்குப் புடிச்ச தேவா பாட்டே கேட்டுட்டு இருக்கோம்... உனக்குப் புடிச்ச இளையராஜா பாட்டு ஏதாவது கேக்கலாமா" என அவள் கேட்டதும், இதுதான் சந்தர்ப்பம் என, ‘ஓ ப்ரியா ப்ரியா... என் ப்ரியா ப்ரியா’ பாடலை அவளுக்குப் போட்டுக்காட்டி மறைமுகமாக தன் காதலை வெளிப்படுத்தினான்.

அதைப் புரிந்துகொண்ட அவள் வெட்கப்பட, பதிலுக்கு அவனும் வெட்கப்பட அந்த வெட்கமே இருவரையும் காதலை வெளிப்படுத்த உதவியது. அதன் பிறகு நிறைய காதல், இசை, முத்தம், கலவி, இன்பம் எனத் தொடர்ந்த கதை பிரிவில் முடிந்தது. அந்த அனைத்து நினைவுகளும் ‘ஆகாசவாணி’ கேட்ட அந்த ஒரு கணத்தில் அவனுக்குள் நிரம்பின. சில நொடிகள் கண்களை மூடி அந்த நினைவுகளை ரசித்து, அப்படியே கண்கலங்கி நின்றவனுக்கு மீண்டும் அறையில் யாரோ இருப்பதாக தோன்றியது.

கண்களைச் சட்டெனத் திறந்து சுற்றும் முற்றும் பார்த்தான். யாருமில்லை. "அம்மா... அம்மா..." என அழைத்தபடியே பதற்றத்துடன் தன் அறையை விட்டு வெளியே வந்தான். வீடு முழுக்கத் தேடிப் பார்த்தும் அம்மா எங்குமில்லை. அம்மாவைத் தேடிக்கொண்டே வீட்டைவிட்டு வெளியே வரும்போது, அம்மா அவனுக்கு எதிரே வந்தார்.

"எங்கம்மா போன... ஒரு நிமிசம் பயந்துட்டேன்". கேட்டுக்கொண்டே வீட்டுக்குள் சென்ற அம்மாவைப் பின்தொடர்ந்தான்.

"கிறுக்கா... எதுக்கு டா பயந்த".

"இல்ல... திடீர்ன்னு ஆளக் காணோமேன்னு".

"நம்ம வீட்டு ஃப்ரிட்ஜு ஒரு வாரமா ரிப்பேரா இருக்கு... உன்கிட்ட எவ்வளவோ சொல்லிப்பாத்துட்டேன்... நீயும் கேக்குறதா இல்ல... அதான் அந்தக் கீழ்வீட்டுப் பையன் இருக்கான்ல... எலக்ட்ரீஷன்... அவன்கிட்ட கேட்டேன்... அவனுக்கு இதெல்லாம் பாக்க தெரியாதாம் இதுக்கு ஏதோ தனி டெக்னீஷன் இருக்காங்களாம்... அவனுக்குத் தெரிஞ்ச ஒருத்தன அனுப்பி விடுறேன்னு சொன்னான்".

அம்மா இதைக் கூறியவுடன், "ஃப்ரிட்ஜுல என்ன பிரச்சன...", எனக் கேட்டுக்கொண்டே தன் அறைக் கதவுக்கு அருகே இருந்த ஃப்ரிட்ஜின் பக்கத்தில் சென்று அதைத் திறந்து பார்த்தான்.

"பாவிப்பயலே... ஒரு வாரமா சொல்லிக்கிட்டு இருக்கேன் உன் காதுல விழவே இல்லையா...", எனக் கோபமாகச் சொல்ல,

"ஏதாவது வேலையா இருந்திருப்பேன்மா... கவனிச்சிருக்கமாட்டேன்" என மழுப்ப, அந்த ஃப்ரிஜ்ஜின் மீது வைக்கப்பட்டிருந்த சில திருமண அழைப்பிதழ்கள் அவன் கண்ணில்பட்டன. அதில் ஒரு அழைப்பிதழில் 'மணமகள்: ப்ரியா' என எழுதியிருந்தது.

அதை அவன் கையில் எடுக்கும்போது சமையலறையிலிருந்து அம்மா, "நீ இப்போலாம் எங்க யார் என்ன பேசினாலும் கவனிக்கிற... உன்னோட சொந்த உலகத்துலதான் இருக்க", எனக் கூறியபடியே சமையலறையிலிருந்து வெளியே வந்து அழைப்பிதழும் கையுமாக அவனைப் பார்த்துவிட்டு, "பழசையே நெனச்சுக்கிட்டு இருக்காதடா... அது முடிஞ்ச கத... சீக்கரம் ஒரு நல்ல வேலையா தேடு, ஏதாவது ஆபிஸ் வேலன்னு போனா மனசோட கவனம் மாறும்ல. எவ்வளோ நாள்தான் எழுதிக்கிட்டே இருக்கப்போற... எழுதுறதுக்காக யோசிக்கிறேங்கிற பேர்லதான் முக்காவாசி நேரம் பழைய நெனப்புலயே இருக்க", எனக் கூறிக்கொண்டே அவன் கையிலிருந்த அழைப்பிதழை பக்குவமாக பிடுங்கினார்.

அப்போது அம்மாவைப் பார்த்து, எதுவும் நடக்காததுபோல், "அதவிடு... ஃப்ரிட்ஜுல என்ன பிரச்சன..." என பேச்சை மாற்றினான்.

"தெரியல டா... நல்லாதான் ஓடிக்கிட்டு இருக்கு... திடீர்னு தானா டீ-ஃப்ராஸ்ட் ஆகி தண்ணி லீக் ஆக ஆரம்பிச்சிருது..."

"இவ்வள்ளோ பழைய ஃப்ரிட்ஜுல பிரச்சன இல்லனாதான் அதி-சயம்"

"இவ்வளோ வக்கணையா பேசுறல்ல, அப்போ புது ஃப்ரிட்ஜு வாங்கிப்போடலாம்ல"

"ஆங் ஆங்... வாங்கலாம்... நாளைக்கு அந்த அண்ணே எத்தன மணிக்கு ஆள் அனுப்புறேன்னு சொன்னாரு"

"மதியம் லஞ்சு டைமுக்கு அப்பறம்ன்னு சொன்னாரு"

"சரி... சரி...", எனக் கூறியவன் தன் அறைக்குள் சென்றான்.

அவனைப் பார்த்து ஏதோ யோசித்த அம்மா, "எதுக்கும் அவன் காலையில வேலைக்குக் கெளம்பும்போது நீ போய் ஒருதடவ ஞாப-கப்படுத்து", என்றார்.

"அதுக்கு எதுக்கு மா நான்... நீயே சொல்லிறவேண்டியதான"

"ஆமா டா... இப்படியே மத்தவங்கக்கிட்ட இருந்து விலகியே இரு... அப்பார்ட்மெண்டுல இருக்குற எல்லாரும் கேக்க ஆரம்பிச்-சுட்டாங்க... துரு துருன்னு சுத்துன பையன் ஏன் திடீர்ன்னு இவ்-வளோ அமைதியாய்ட்டான்... ஒருத்தரையும் பாத்து பேசமாட்டேங்-கிறான்னு என் கிட்ட கேக்குறாங்க"

"அதெல்லாம் இல்ல மா... நான் முன்னாடி மாதிரிதான் இருக்-கேன்..."

கலங்கிய கண்களுடனும் குரலுடனும் "சும்மா பொய் சொல்ல-தடா... போன எட்டு மாசத்துல யாருக்கிடயாவது சரியா மூஞ்சிக் குடுத்து பேசியிருக்கியா... கீழ் வீட்டுப் பையன் மாதிரி புதுசா குடி-வந்தவங்களுக்கு நீ சாதாரணமாவே சிடுமூஞ்சின்னுதான் தோணும்... அப்படிதான் இருக்க", என்றார் அம்மா.

"திரும்பத் திரும்ப அதையே சொல்லத மா... நான் முன்னாடி-மாதிரிதான் இப்பவும் இருக்கேன்... அதுவும் கீழ்வீட்டு அண்ணாக்கு என்ன நல்லா தெரியும்... அப்பார்ட்டுமெண்ட் லாபி, அசோசியே-ஷன் மீட்டிங், லிஃப்ட்டுன்னு அப்பப்போ பாத்தா பேசிக்குவோம்", என்றான்.

"யாரு... நீயும் அவனும் பேசிக்கிட்டிங்க? இத நான் நம்பணும்?"

சற்று சுதாரித்தவாறு "சரி... பேசிக்கமாட்டோம்... பாத்தா கைக்-காட்டிபோம் சிரிச்சுப்போம்... அதுக்கு என்ன இப்போ... சிடுமூஞ்-சின்னு நெனைக்காம இருக்க அது போதும்", எனக் கூறிவிட்டு தன்

அறைக்குள் சென்று கதவைச் சாத்திக்கொண்டான்.

அன்று இரவு அம்மா கூறியவற்றைப் பற்றி மீண்டும் யோசித்துப்பார்த்தான். வேலைக்கு போனால் ஒருவேளை தனக்கு ஒரு மாற்றம் இருக்குமோ என எண்ணி தன்னுடையே சான்றிதழ்கள் சேகரிக்கப்பட்ட கோப்பு எங்கே எனத் தேடி சிறிது நேரத்தில் அலமாரியிலிருந்து அதைக் கண்டுபிடித்தான். தரை மெத்தையில் அமர்ந்தபடி சான்றிதழ்கள் எல்லாவற்றையும் சரிபார்த்தான்.

அதைச் சரிபார்த்துக்கொண்டிருக்கும்போதே தூக்கக் கலக்கம் வர அப்படியே மெத்தைக்குப் பக்கத்தில் தரையில் அந்தக் கோப்பை வைத்துவிட்டு மின்விளக்குகள் எரிந்துகொண்டிருக்கும்போதே படுத்தான். அப்போது மூடியிருந்த தன் அலமாரிக் கதவு துருப்பிடித்த 'கீச்' என்ற ஒலியுடன் தானாகத் திறந்தது. அரைத் தூக்கத்தில் இருந்த கவின் அந்தச் சத்தத்தைக் கேட்டு திடுக்கிட்டு எழுந்தான். திறந்திருந்த அலமாரிக் கதவைப் பார்த்து, சான்றிதழ்களை எடுத்தபோது கதவைச் சரியாக அடைக்க மறந்திருப்போம் என நினைத்து திறந்த கதவை அடைத்து தாளிட்டான்.

அப்போது அவனுக்குப் பின்னாலிருந்து 'வானெங்கும் நீ மின்ன மின்ன' என குளியலறையிலிருந்து பாடல் கேட்டது. திரும்பி குளியலறையைப் பார்த்தால் தன் மின்விளக்குகளின் ஒளி லேசாக அதனுள் பரவி கொஞ்சம் கொஞ்சமாக மங்கி குளியலறையின் உள் பகுதி கும்மிருட்டாக இருந்தது.

அந்த இருட்டுக்குள் ஒரு சின்ன ஜன்னல் வழியே துர்நாற்றத் துளையிலிருந்து மெல்லிய ஒளிக் கதிர் வீசிக்கொண்டிருந்தது. அந்தக் காட்சியே அமானுஷ்யமாக இருக்க சட்டென்று குளியலறைக் கதவை அடைத்துவிட்டு, "சாயங்காலம் வர தேவா ஃபேன், இப்போ ஹாரிஸ் ஃபேன் ஆயிட்டாருபோல", என நக்கலடித்துவிட்டு தனக்குத்தானே சிரித்துக்கொண்டான்.

மீண்டும் தூங்கலாம் என முடிவெடுத்தவன், மின்விளக்கை அணைக்கச் சென்று பின் ஏதோ யோசித்துவிட்டு, மின்விளக்கை எரியவிட்டபடியே படுத்தான். இப்போது அடைக்கப்பட்ட கதவின் வழியாக அந்தப் பாடல் மெல்லிய ஒலியாகக் அவனுக்குக் கேட்டுக்கொண்டிருந்தது. அதைத் தாங்க முடியாமல் மீண்டும் 'ப்ரியா' நினைவுகள் வந்து அப்படியே கண்ணீர்விட்டு அழுது பிறகு அதைக் கேட்க முடியாமல் தலையணையை வளைத்து இரு காதுகளையும் அடைத்தபடியே உறங்கினான்.

அதிகாலை 4 மணி அளவில், ஆழ்நிலைத் தூக்கத்தில் இருக்கும்போது அவன் அறைக் கதவை யாரோ பலமாக ஐந்து ஆறு முறை தட்டும் சத்தம் கேட்பதுபோல் தோன்ற விடுக்கென எழுந்தான். எழுந்து கதவைப் பார்க்க, அது அமைதியாகத்தான் இருந்தது. மணியைப் பார்த்துவிட்டு மீண்டும் படுக்கலாம் என யோசிக்கும்போது கதவை மீண்டும் நான்கைந்து முறை யாரோ பலமாகத் தட்டி இவனுக்குள் அச்சம் வர, தட்டி முடித்த அடுத்த நொடியே "டேய் கவின் கதவத் தொறடா", என அம்மா பதற்றமான குரலில் அழைத்தார்.

அம்மாவின் பதற்றத்தைப் புரிந்துகொண்டு அவசரமாக எழுந்து கதவைத் திறந்தான். டேய் இங்கப் பாருடா என ஃப்ரிட்ஜைக் காட்ட அதிலிருந்து தண்ணீர் கசிந்து கொண்டிருந்தது. "மறுபடியும் டீஃப்ராஸ்ட் ஆயிருச்சு... எப்பவும் காலைல இல்லனா மதியம்தான் ஆகும்... இப்போ ராத்திரி ஆகிருக்கு..."

"அதுக்கு ஏன் மா கதவ இவ்வளோ பதட்டமா தட்டுன?"

"டே கிறுக்கா... ஃப்ரிட்ஜூல இருந்து தண்ணி வடிஞ்சா முதல்ல உன் ரூமுக்குதான் டா வரும்... நீ வேற மேட்ரஸ்ஸ தரையில போட்டுத் தூங்குவ... பக்கத்துல லேப்டாப், மொபைல்னு எல்லாமே தரையிலதான் இருக்கும்... அதான்..." எனக் கூறிக்கொண்டே தரையில் பரவிக்கிடந்த தண்ணீரைத் துடைத்துக்கொண்டிருந்தார்.

இதைக் கூறியவுடன் பதறியடித்து மீண்டும் தன் அறைக்குள் சென்று சான்றிதழ் கோப்பு இருந்த இடத்தைப் பார்த்தான். பார்த்தவனுக்கு ஒரே அதிர்ச்சி. அவன் கோப்பை வைத்த இடத்தில் அது இல்லை.

அப்போது, "டேய்... என்னடா இது...", என அம்மா கேட்க, அவளை அதே அதிர்ச்சியுடன் திரும்பிப் பார்த்தான்.

அங்கே தரையைத் துடைத்துக்கொண்டிருந்த அம்மா, அவன் அறை வாசலின் அருகே அமர்ந்து தரையைக் காட்டினார்.

"என்னாச்சு...", எனப் பதற்றத்துடன் கேட்டான்.

"உன் ரூம் வாசல் வர தண்ணிய ஏற்கனவே தொடச்சு வச்சிருக்க...", எனக் காட்டினார்.

அதைப் பார்த்த கவினுக்கு மேலும் அதிர்ச்சி. அவன் அறை வாசல் வரை பரவியிருந்த தண்ணீர் அவன் அறைக்குள் மட்டும் இல்ல. அவன் அறையின் தரையில் ஏற்கனவே தண்ணீர் துடைக்கப்பட்ட தடம் மட்டும் லேசான ஈரப்பதத்துடன் இருந்தது. உடனே

விறுவிறுவென தன் அலமாரிக் கதவைத் திறந்து பார்த்தால், அதில் அவன் கோப்பு முந்தைய இரவு எடுக்கப்பட்ட இடத்தில் பத்திரமாக இருந்தது. உடலெங்கும் புல்லரித்து உறைந்துபோனான். அப்படியே உறைநிலையில் வந்து வீட்டு வரவேற்பறையின் நாற்காலியில் அமர்ந்து அதுவரை நடந்த அனைத்தையும் மீண்டும் மீண்டும் யோசித்துப் பார்த்தான்.

அப்பா படத்திலிருந்து பூ விழுந்தது, பல நாட்களாக அவன் அறையில் அவனோடு வேறு யாரோ இருப்பதாகத் தோன்றுவது, அலமாரிக் கதவு தானாகத் திறந்தது, தரை துடைக்கப்பட்டு இருந்தது, கோப்பு பத்திரப்படுத்தப்பட்டது என எல்லாமே அவனுக்குக் கலக்கத்தைத் தந்தன. அப்படியே மணி ஐந்து, ஆறு, ஏழு எனக் கடக்க, அப்படியே இருந்த அவனைப் பார்த்த அம்மாவுக்கு ஒரே குழப்பம்.

"என்னாச்சு கவின்... மறுபடியும் ப்ரியாவப் பத்தி தாட்ஸா?", என கேட்டார்.

"இல்லமா... இது வேறப் பிரச்னை..."

"என்னனு சொல்லுடா... என்கிட்டதான் எதுவும் மறைக்கமாட்டியே"

அம்மா இதைச் சொன்னவுடன், சில நொடிகள் ஆழ்ந்து யோசித்து, பெருமூச்சு எடுத்து, "நான் சொன்னா, பயப்படக்கூடாது...", எனக் கூறி தன் அம்மாவின் உள்ளங்கைக்குள் தன் கையைப் பதித்து இறுகப்பற்றிக்கொண்டான்.

"டேய் முதல்ல என்னனு சொல்லுடா"

சிறிய தாமதம் விட்டு, எச்சிலை விழுங்கி, "எனக்கென்னமோ அப்பா இங்க இருக்குற மாதிரியே கொஞ்ச நாளா தோணிக்கிட்டே இருக்கு..."

"புரியலடா". புன்னகைத்தபடியே அம்மா பதில் கூறினார்.

"அம்மா... அப்பாவோட ஆவி இன்னும் இங்க சுத்திக்கிட்டு இருக்கு மா", எனக் கூறி அவன் அதுவரைக் கண்ட அனுபவத்தையெல்லாம் சொன்னான்.

அதை பொறுமையாகக் கேட்ட அம்மா, "திரும்பவும் வந்துட்டாரா... போனதடவ அனுப்பும்போதே சொல்லிதான் அனுப்புனோன்... வராதீங்கன்னு... உங்கப்பா இருக்காரே... எங்க உயிரோட இருக்கும்போதே நான் சொல்றதக் கேக்காம ஒத்தக் காலுல நிப்பாரு... இப்போ ஆவியா காலே இல்லாதப்போவா நான் சொல்றதக்

கேக்கப்போறாரு", என மிகச் சுலபமாக பதிலளித்தார்.

"திரும்பவும் வந்துட்டாரானா? புரியல", அதிர்ந்த குரலில் கேட்டான்.

"உனக்கு ஞாபகம் இல்லயா... உன்னோட எட்டு வயசு வரைக்கும் நீ திடீர் திடீர்னு தூக்கத்துல அழுவ... அழும்போதெல்லாம் 'அப்பா, அப்பா'னு பொலம்புவ... டாக்டர்கிட்டல்லாம் காட்டியும் ஒன்னும் சரியாகல... அப்போதான் ஒரு நாள் பாதித் தூக்கத்துல இருந்து எழுந்து 'அப்பா...'னு கத்தி ஊரக்கூட்டுன... என்னனு கேட்டதுக்கு தூக்கத்துல இருக்கும்போது அப்பா உன்ன வந்து இறுக்கமா கட்டிப்புடிச்சாருனு சொன்ன...", என்றார் அம்மா.

"ஏற்கனவே வந்தாரா", அதிர்ச்சியுடன் கேட்டான்.

"முழுசா சொல்றதக் கேளுடா... முதல்ல அது கனவுனுதான் நெனச்சேன்... ஆனா அதுக்கு அடுத்து கொஞ்ச நாளா வீட்டுல பாத்திரம் உருட்டுற சத்தம், பீரோ தொறக்குற சத்தம்லாம் தானா கேக்கும்... அப்போதான் எனக்கு கொஞ்சம் பயம் வந்துச்சு... சரின்னு ஒரு கோடங்கிய கூப்பிட்டு என்ன ஏதுன்னு பாக்கச் சொன்னப்பதான், நீ உன் அப்பாவக் கட்டிப் புடிச்சு அழணும்னு ஆசப்பட்டியாம் அதுக்காகத்தான் அவரு திரும்ப வந்திருக்குறாரம்னு சொன்னாரு... அப்பறம் உன் கையால அப்பாவுக்கு ஒரு நாள் படையல் போட்டு, இனி திரும்ப வராதீங்கன்னு சாமி கும்பிட்டோம்... அதுக்கு அப்பறம் இப்பவர அவரு திரும்ப வரல... நீயும் தூக்கத்துல அழுது பொலம்புறத நிறுத்திட்ட... இப்போ மறுபடியும் சேட்டைய ஆரம்பிச்சுட்டாரா உங்கப்பா..."

"என்னமா இவ்வளோ ஈசியா சொல்ற"

"விட்றா... என் புருஷன்தான்... ஆவியா இருந்தாலும் எனக்கு அடங்கிதான் போவாரு... அந்தக் கோடங்கி போட்ட மந்திரத்துக்கு வேலிடிட்டி முடிஞ்சிருச்சு போல... வேற சாமியாரக் கூப்பிடலாம்..."

"அம்மா... எவ்வளோ பெரிய பிரச்சன இது... உனக்கு பயமா இல்லயா"

"அதவிடப் பெரிய பிரச்சன இருக்குடா நமக்கு... தோசைக்கு மாவு நேத்துதான் அரச்சேன்... அதை வைக்க எனக்கு இப்போ நல்ல ஃப்ரிட்ஜு வேணும்... உங்கப்பாவ பொறுமையா ரிப்பேர் பண்ணிக்கலாம்... முதல்ல இந்த ஃப்ரிட்ஜ ரிப்பேர் பண்ணிக்குடு எனக்கு", என்றார்.

அம்மாவின் பதில்களைக் கண்டு அவனுக்கு வியப்பாக இருந்தது. கொஞ்ச நேரம் யோசித்துப் பார்த்தபோது, அவனுக்கும் அதுதான் தோன்றியது. "என்ன இருந்தாலும் அப்பாதான... அவரு பையன என்ன பண்ணிட போறாரு... ரூமத் தொடச்சு சர்ட்டிபிக்கேட்டெல்லாம் பத்திரமா வச்சிருக்காரு... எங்க நான் தற்கொல பண்ணிக்கிட்டு அவரப் பாக்க போயிருவேனோன்னு பயந்துட்டு என்னப் பாக்க வந்திருக்காரு... என் அப்பா நல்ல பேய்தான்..." எனத் தனக்குத் தானே சொல்லிக்கொண்டான்.

அப்போது மீண்டும் சமையலறைக்குள்ளிருந்து வந்த அம்மா, "நான் சொல்றது கேக்குதா", எனக் கத்தினார்.

"என்னமா பிரச்சன இப்போ உனக்கு"

"ஃப்ரிட்ஜூடா... எட்டு மணியாகப்போகுது அவன் கௌம்புற நேரம்... போய் ஒருதடவ ஞாபகப்படுத்திட்டு வா..."

"போறேன் போறேன்... நானும் அவருகிட்ட ஒன்னு சொல்லணும்..."

"நீ என்ன சொல்லப்போற?"

"எப்போப்பாத்தாலும் ஃபுல் வால்யூம்ல பாட்டு கேட்டு ஒரு வேலையும் ஒழுங்கா பண்ண விடமாட்டெங்குறாரு"

"என்னடா ஔறுர... அவன் எப்படி பாட்டு கேப்பான்..."

"ஏன்... அந்தண்ணன் பாட்டு கேக்கக் கூடாதுன்னு எதும் சட்டமா என்ன..."

"கிறுக்கா... இதே மாதிரி அப்பார்ட்மெண்டுல வேற யாருக்கிட்டயும் போய்சொல்லிக்கிட்டு இருக்காதடா..."

"இப்போ நீ ஏன் ஔறுர"

"உனக்கு அப்போ அவனப் பத்தி தெரியாதா?"

"என்னமா தெரியணும்?"

"அவனுக்கு வாய்ப்பேச்சும் வராது... காதும் கேக்காது..."

"என்ன சொல்ற?", அதிர்ந்த குரலில் கேட்டான்.

"டேய் ஆறு மாசமா இங்கதான் இருக்கான்... நாங்க எல்லாருமே கை அசச்சு அவன்கிட்ட செய்கைலதான் பேசுவோம்... நீ பாத்ததில்லயா..."

இதைக் கேட்டவுடன் படக்கென்று எழுந்து தன் வீட்டுக் கதவைத் திறந்து வெளியே ஓடினான். அவன் செய்வதைப் பார்த்து அம்மாவுக்கு மீண்டும் குழப்பம். ஓடியவன் கீழ் தளத்துக்குச் சென்று அந்த எலக்ட்ரீஷியன் வீட்டுக் கதவைத் தட்டினான். இரண்டு முறை தட்டி-

விட்டு, பின் சுயநினைவுக்கு வந்து தலையில் அடித்துக்கொண்டான். என்ன செய்வதென்று சுற்றும் முற்றும் அந்தக் கதவைப் பார்த்து அந்த வீட்டின் காலிங்பெல் ஸ்விட்சைப் பார்த்தான். அதன் மேல் வரையப்பட்டிருந்த 'மணி' படம் அடிக்கப்பட்டு, அதன் கீழ் 'காலிங் லைட்' என எழுதப்பட்டிருந்தது.

அந்த ஸ்விட்சை அழுத்தியவுடன் அந்த வீட்டுக்குள் பளிச்சென சிவப்பான வெளிச்சம் அடித்து, அது கதவின் கீழ் இடைவெளியில் இவனுக்கும் தெரிந்தது. சில நொடிகளில் கதவு திறக்கப்பட்டது. கதவைத் திறந்ததும் இவனைப் பார்த்து புன்னகைத்தார் எலக்ட்ரீ-ஷியன். பிறகு உள்ளே அழைத்து அவனை அமரவைத்தார். தற்-போதுதான் குளித்துவிட்டு வந்ததாகவும் சில நிமிடங்கள் பொறுங்-கள் சட்டை மாட்டிவிட்டு வருவதாகவும் சைகையில் சொல்லிவிட்டு உள்ளே சென்றார்.

அங்கே அமர்ந்தவன், அவர் வீட்டை முழுவதும் சுற்றி கவனித்து கண்களால் மேய்ந்தான். தொலைக்காட்சி, அயர்ன்பாக்ஸ், ஃப்ரிட்ஜ், வாஷிங்மெஷின் என எல்லா வகையான மின் சாதனப் பொருட்-களும் அவர் வீடெங்கும் வாங்கிவைத்திருந்தான். ஒலிப்பெருக்கி, ரேடியோ, எம்பி3 ப்ளேயர் போன்ற பாடல் கேட்கும் கருவி ஏதும் இருக்கிறதா எனத் தேடினான், அங்கே ஒன்றுமே இல்லை. பிறகு எழுந்து அவர் பெட்ரூம் வாசலில் நின்று அவருக்காகக் காத்துக்-கொண்டிருந்தான். உடையுடுத்தி அவர் கதவைத் திறந்ததும் இவன் முன்னால் நிற்பதைப் பார்த்து ஒரு கணம் திகைத்துதான் போனார்.

இவனோ லேசாகப் புன்னகைத்துவிட்டு, தன் கை மணிக்கட்டைக் காட்டி அவனுக்கு நேரமாகிவிட்டது எனக் கூறி ஃப்ரிட்ஜ் சரிசெய்ய ஆள் அனுப்பும்படி சைகையில் கூறினான். அவரும் சரி எனப் புன்-னகைத்துத் தலையசைக்க, அங்கிருந்து கிளம்பும் முன் அவர் படுக்-கையறையைப் பார்வையால் அலசிவிட்டு அங்கும் வெறும் மின் சாதனப் பொருட்கள், அவர் வேலைபார்க்கும் டூல்ஸ், பல புத்தகங்-கள் அடுக்கிவைக்கப்பட்டிருப்பதைப் பார்த்து, அங்கும் ஏதும் பாடல் கருவி இல்லை என்பதை உறுதிசெய்துவிட்டு விடைபெற்றான்.

அவர் வீட்டைவிட்டு வெளியே வரும்வரை இயல்பாக நடப்பது-போல் நடந்து வெளியே வந்தவுடன் அவசர அவசரமாக மீண்டும் தன் வீட்டுக்கு ஓடிவந்தான்.

மூச்சு வாங்க தன் அம்மாவிடம், "நமக்கு கீழ இல்லனா மேல ஏதும் ஃப்ளோர்லலாம் யாரெல்லாம் இருக்காங்க"

"ஏன்டா... நம்ம, கீழ அந்தப் பையன், அவனுக்கும் கீழ் வீடு காலியா இருக்கு... அதுக்குக் கீழ ஒரு நார்த் இண்டியன் ஃபேமிலி, க்ரவுண்ட் ஃப்ளோர்ல ஒரு பாட்டி தாத்தா இருக்காங்க... நமக்கு மேல ஒரேயொரு ஃப்ளோர்தான்... அந்த வீடும் ரெண்டு வருஷமா ஆள் இல்லாமதான் இருக்கு...", என அம்மா கூறினார்.

"இல்லமா பகல் ராத்திரினு அந்த வெண்டிலேஷன் எக்ஸாஸ்ட் வழியா பாட்டு கேக்குது..."

"பகல்னா பரவாயில்ல அந்தத் தாத்தா பாட்டி கேக்குறாங்கனு சொல்லலாம்... ராத்திரிலயும்னா... நார்த் இண்டியன்ஸா இருக்குமோ"

"யாரு அவனுங்களா? அவனுங்களுக்கு இளையராஜா பாட்டே ஒழுங்கா தெரியாது... எந்தக் காலத்துல தேவா, ஹாரிஸ் ஜெயராஜெல்லாம் கேக்கப்போகுது..."

"அப்படி என்ன பாட்டுடா கேக்குது...", எனக் கேட்டபடியே அவன் அறைக்குள் சென்று குளியலறைக் கதவைத் திறந்துபார்த்தார் அம்மா. அது அமைதியாகத்தான் இருந்தது.

அவள் அருகே சென்று அவனும் தன் குளியலறையைப் பார்த்து, "இல்லமா இப்போ கேக்காது... எப்போலாம் என் மனசு கொழம்புதோ அப்போதான் கேக்கும்..."

"ஒருவேள அப்பாவா இருக்குமோ..."

"மொதல்ல அதான் நெனச்சேன்... ஆனா அப்பா செத்தது 1997ல... அவருக்கு எப்படி ஹாரிஸ் ஜெயராஜ் பாட்டுலாம் தெரியும்..."

இதைக் கேட்டவுடன் டக்கென்று வாய்விட்டுச் சிரித்து, "ஏன்டா... ஆவிக்கிட்டலாமா லாஜிக் பாப்ப", என்றார் அம்மா.

"நக்கலடிக்காதம்மா... இது அப்பா இல்ல...", என மிகத் தீர்மானமாகச் சொன்னான்.

"சரி... இப்போ என்ன சொல்லவர?"

"உனக்கே தெரியும்... நீ சென்னைக்கு வரவரைக்கும் இந்த வீட்டுலதான் நானும் ப்ரியாவும் சேர்ந்து வாழ்ந்தோம்... நானும் அவளும் சேர்ந்து தூங்குன பெட், சேர்ந்து வாழ்ந்த ரூம்... சேர்ந்து குளிச்ச இடம்... எங்க ப்ரேக்கப்புக்கு அப்பறம் என்னோட தனிமையையும் இதே ரூம்தான் பாத்திருக்கு... என்னோட வலி, சோகம், எல்லாமே இங்கதான் முழுசா வெளிவந்துருக்கு... ஆனா அவளுக்குக் கல்யாணம்னு தெரிஞ்சதும் வலி இன்னும் அதிகமாச்சு. எனக்கு இருந்த வலி அடுத்த ரெண்டே மாசத்துல அவ இறந்துட்டான்னு தெரிஞ்-

சதும் மொத்தமா போயிருச்சு... ஹஸ்பண்ட் சரியில்லனு அவ தற்கொல பண்ணிப்பானு நெனைக்கல... வலி கோபமாதான் மறிச்சு... அவ என்ன ஏமாத்திட்டு போய்ட்டான்னு தோணிச்சு... திரும்ப என்கிட்டயே வந்திருக்கலாங்கிற ஒரே நெனப்பு மட்டுமதான் இருந்துச்சு... இப்போ அவ என்னோட அந்த நெனப்புல மட்டும்தான் இருக்கா... அவகிட்டயே நானும் போயிடணும்னு ரெண்டுதடவ ட்ரை பண்ணுனேன்..."

அதுவரை அமைதியாகக் கேட்டுக்கொண்டிருந்த அம்மா, "ம்...", என்றார்.

"அப்போதான் எனக்கு அந்தப் பாட்டு கேக்க ஆரம்பிச்சுது... நானும் புதுசா குடி வந்திருக்குற கீழ் வீட்டு அண்ணந்தான்னு நெனச்சேன்... ஆனா பாட்டுக் கேக்குறது பாத்ரூம்கு வெளிய இருந்து இல்ல. உள்ளயிருந்து..." என ஒரு நொடி பேசுவதை நிறுத்தினான்.

அம்மா, அவனை மெல்லிய அதிர்ச்சியுடன் பார்க்க, மேலும் தொடர்ந்தான்.

இதுல கேக்குற எல்லாப் பாட்டும் நானும் அவளும் சேர்ந்து கேட்டப் பாட்டு... அதுலயும் ஆகசவாணி, வானெங்கும் நீ மின்ன மின்ன, இப்படி எல்லாப் பாட்டுலயும் ஒரு ஒத்துமை இருக்கு", என அவன் கூற, 'என்ன?' என்பதுபோல் சந்தேகமாக அவனைப் பார்த்தார் அம்மா.

"இந்த எல்லா பாட்டுலையுமே ஒரு எடத்துல அவ பேரு வரும்... நம்ம வீட்டுல இருக்குறது அப்பா இல்லம்மா...", எனக் கலங்கிய கண்களோடு சிரித்துக்கொண்டே கூறினான்.

அம்மா அவன் கண்களுக்குள்ளே இருந்த பெருமகிழ்ச்சியை ஆழமாகப் பார்த்து புரிந்துகொண்டு, அவன் கன்னத்தில் கை வைத்துத் தடவிக்கொடுத்தார்.

அப்போது, அந்த குளியலறையிலிருந்து, 'ஓ ப்ரியா ப்ரியா... உன் ப்ரியா ப்ரியா' எனப் பாடல் கேட்டது.

- சந்தோஷ் மாதேவன்,

சென்னை, மே 22, 2021.

பின்வாசல்

எனக்கு கடவுள், சாத்தான், பேய், பிசாசு போன்ற எந்த மூடநம்பிக்கையும் இல்லை. ஆனால் இறந்தகாலத்துக்கு ஒரு உருவம் கொடுக்கச்சொன்னால் என்ன செய்வது. காலம் இறந்து விட்டது. அப்படியென்றால் பேயாகத்தானே அலைந்து கொண்டிருக்கும்? என்றாலும், இந்தக் கதையின் அடிப்படை உணர்ச்சி உண்மையானது. முன்னாள் காதலின் நினைவுகள், நிறைவேறாத ஆசைகளைக் கொண்ட ஆவியைப் போலத்தானே சுற்றிக்கொண்டிருக்கும்.

15

ஒரு வீடு இரு வாசல்

தெருநடை
படைப்பு: சிறுகதை
வகைமை: பகுத்தறிவு
இயல்: சமூகவியல்

காதலும் அரசியலும் இணைந்து ஒரே புள்ளியில் கூடிவந்து என்னைச் சந்திக்க முடிவெடுத்த ஒருநாள்.

முன்றில்

மனிதன் கடித்த கொய்யாக்களை
எந்தப் புழுவும் ஒதுக்கியதாகத் தெரியவில்லை
- அழுக்குச் சுவர் கிறுக்கல்கள் -
செப்டம்பர் 16, 2019

"யாச்சி... உங்கப் பேத்தியப் பாருங்க" எனக் கூறியபடி தன் பாட்டியிடம் தன் கைப்பேசியின் திரையில் தன் காதலியின் நிழற்படத்தைக் காட்டினான். அவர்களுக்குப் பின்னால் நின்றுகொண்டிருந்த அத்தையும் தாணுவின் காதலியை ஒரு முறை பார்த்துவிட்டு, "பாக்க இந்தி நடிக கணக்கால்ல இருக்கா", என்றனர்.

"அதெல்லாம் இல்ல அத்தே இது ஃபேஸ் ஆப், அப்படிதான் வெள்ளையா காட்டும்... ஆந்திராதான் அவளுக்கு... விசாகப்பட்னம் பக்கம்... ஆனா இப்போ கல்கத்தாவுல செட்டில் ஆகியிருக்காங்க" எனக் கூறிவிட்டு, "இருங்க வீடியோ கால் பண்றேன்", என மீண்டும் கைபேசியைத் திறந்தான்.

ஐந்தாண்டுகளுக்கும் மேலாக பார்த்துக்கொண்டிருந்த வேலையை விட்டுவிட்டு தற்போது தாணு வீட்டோடு இருக்கிறான். பிடித்த வேலையைச் செய்யவேண்டும் என்ற கனவில் கடந்த ஒன்றரை ஆண்டுகளாக பல முன்னணி புகைப்படக் கலைஞர்களிடம் உதவியாளராகப் பணியாற்ற வாய்ப்பு கேட்டு அலைந்துகொண்டிருக்கிறான். எப்படியாவது ஒரு பெரும் விலங்கின புகைப்படக் கலைஞனாக ஆகிவிட வேண்டுமென்ற ஆசை அவனுக்கு. தன் சம்பளப் பணத்தைச் சேமித்து அவன் முதன்முதலில் வாங்கியதுகூட ஒரு கேமராதான்.

இருந்தாலும் பொருளாதாரச் சூழலைச் சமாளிக்க ஏதேனும் செய்யவேண்டும் என்பதனால், தற்போது கல்லூரி, பள்ளி, இல்ல நிகழ்வுகளுக்குப் படம் எடுத்துக் கொடுத்து மாதச் செலவுகளை ஓட்டிக்கொண்டிருக்கிறான். தற்போது தேர்தல் சமயத்தில் ஒரு பெரும் தலைவருடன் சேர்ந்து தமிழகம் முழுக்க பயணித்து அவரது பரப்புரையைப் படம் பிடிக்கும் வேலையைத் தற்காலிகமாகச் செய்துகொண்டிருக்கிறான். அப்படித்தான், தன் சொந்தவூருக்கு வந்தபோது வேலையிலிருந்து சிறு விடுப்பு எடுத்துக்கொண்டு அவன் ஆச்சி வீட்டுக்கு வந்தான்.

வீடியோ காலில் அவன் காதலி இணைந்ததும் தன் காதலியிடம் ஏதோ சைகை செய்துகாட்டியபடி, ஆச்சியிடம் கைப்பேசியை நீட்டினான். அவளைப் பார்த்தவுடன் நன்றாகச் சிரித்தபடி ஆச்சி அவளிடம் தெலுங்கில் பேசத் தொடங்கிவிட்டார். அவனுக்கோ ஆச்சரியம்.

"என்னடே பாக்க... உம் பிராயத்துல நான் விஜயவாடாலதான் வளந்தேன்", எனக் கூறிவிட்டு மீண்டும் அவன் காதலியிடம் பேச்சைத் தொடர்ந்தார்.

"எனக்கே தெலுங்கு தெரியாதே", எனத் தன் அத்தையைப் பார்த்து சலித்துக்கொண்டான்.

நக்கலாகச் சிரித்தபடியே அத்தை அடுக்களைக்குள் சென்றுவிட்டார். இவர்கள் பேசியவுடன், கைப்பேசி வீட்டிலிருந்த பெரியம்மா, பெரியப்பா மகள், அத்தை, மாமா, அவர்களின் மக்கள், என ஒவ்வொருவரிடமும் கைமாறியது. அனைவரும் அவளிடம் சிரித்துப் பேச, இவனுக்கோ உற்சாகம் தலைக்கு ஏறியது. வீட்டில் அனைவருக்கும் அவளைப் பிடித்துவிட்டது என உறுதி செய்துகொண்டான்.

இறுதியாக அவனிடம் கைப்பேசி வந்தபோது, அதை எடுத்துக்கொண்டும் தனியான ஒரு இடத்துக்கு வந்து "எல்லாரும் பேசியாச்சு... பெரியப்பா மட்டும்தான் வீட்டுல இல்ல... நான் அப்பறம் கூப்பிடுறேன்", என அவளிடம் ஆங்கிலத்தில் கூறிவிட்டு மகிழ்வுடன் அழைப்பத் துண்டித்தான்.

மீண்டும் அவன் வரவேற்பறைக்கு வரும்போது, பெரியப்பாவும் வீட்டுக்குள் வந்தார். அவரைப் பார்த்ததும் மீண்டும் தன் கைப்பேசியை எடுக்கப் போனான். அப்போது, "ஏய்... உனக்கு இந்த வேல எப்போ முடியுது?" என்றார், பெரியப்பா.

"பிரசாரம் மூணாந்தேதி வர நடக்குது... அதுவர இருக்கணும் பெரியப்பா..."

"ஓ... அதுக்கு மிந்தி ரெண்டு நாள் லீவு எடுக்க முடியாதோ?"

"ஏன் பெரியப்பா..." எனக் குழம்பியபடி கேட்டான்.

"ஏன்டே... உங்கொப்பேன் உங்கிட்டச் சொல்லலியா..."

"இல்ல பெரியப்பா... ஒரே அலச்சல்... ரெண்டு நாளாச்சு அப்பாகிட்ட பேசி... ராவுதான் பேசணும்".

"என்னடே இது... அப்பன்கிட்டயும் அம்மகிட்டயும் பேசாம அப்படி என்ன வேலபாத்து கொண்டாடிக் கொடம் ஒடைக்க".

"அத விடுங்க... எதுக்கு லீவு எடுக்கணும்".

"உங்கொக்காளுக்கு கல்யாணம் முடிவாயிருக்கு... வர ரெண்டாந்தேதி".

அதைக் கேட்டதும் அவன் தலையில் இடி விழுந்ததைப் போல அதிர்ச்சி. தன் பெரியப்பாவின் மகள் பள்ளிக்காலத்திலிருந்தே ஒருவனைக் காதலித்துக்கொண்டிருந்தாள். அது வீட்டில் எல்லோருக்குமே ஓரளவுக்குத் தெரியும். அதற்குக் கடும் எதிர்ப்பு வேறு எழுந்தது. பத்தாண்டுகளுக்கும் மேலாகக் காதலித்துவந்தவனைவிட்டு இப்போது வேறொருவனை மணக்கப்போகிறாளோ, என தனக்குள்ளேயே

கேள்வி கேட்டுக்கொண்டான்.

அவன் தீவிரமாக யோசிப்பதைப் பார்த்த பெரியப்பா, "என்னடே... லீவு உண்டுமா?" என மீண்டும் கேட்டார்.

பெரியப்பாவைப் பார்த்து அந்த குழப்பத்துடனேயே, "ஆங்... ரெண்டு நாளுக்கு வேற ஆள அனுப்பி ஃபோட்டோ எடுக்க அனுப்பிட்டு நான் வாரேன்", என்றான்.

"எப்படியாவது வந்துருடே", எனக் கூறிவிட்டு பெரியப்பா மீண்டும் வெளியே சென்றுவிட்டார்.

அவர் சென்றதும் குழம்பியபடியே வீட்டைச் சுற்றும் முற்றும் பார்த்தான். இன்னும் இரண்டு வாரங்களில் திருமணம் நடக்கவிருக்கும் ஆரவாரம் யாரிடமும் இல்லை என்பதை அவனால் உணரமுடிந்தது. அவன் காதலியிடம் பேசியபோது அவர்களிடம் இருந்த உற்சாகம் கூட யார் முகத்திலும் இல்லை. இப்போது அவனுக்குக் குழப்பம் மேலும் அதிகமானது. அவன் அக்காவைப் பார்த்து, வெளியே வா எனக் கண் காட்டினான். சைகை செய்துவிட்டு வெளியே வீட்டு முற்றத்துக்குச் சென்றான்.

சில நொடிகளில் அவள் அங்கே வந்தாள். அவளைப் பார்த்து, "என்னட்டி... அவனக் கழட்டிவுட்டுட்டியா," என்றான்.

"கிறுக்குப் பயலே... இதுக்குத்தான் கூப்டியாக்கும்... அவனதாம்ல கட்டுகேன்", எனச் சிரித்தபடி கூறினாள்.

நிம்மதிப் பெருமூச்சுவிட்டபடி, "அப்பறம் ஏன் எல்லாரு மூஞ்சியும் எட்டா வளஞ்சு கெடக்கு".

அப்போது அவளுடைய தங்கையும் அங்கே வந்தாள். அவனை அணைத்தபடி நின்றாள்.

"நான் ஜாலியாதாம்ல இருக்கேன்..." எனக் கூறிவிட்டு, தன் தங்கையைக் காட்டி, "இவளும் சந்தோசமாதான் இருக்கா... எனக்கு முடிஞ்சதும் அடுத்தால இவளையும் இந்த வருசமே சுசீந்திரத்து அத்தானுக்குக் கட்டிவைக்கலாம் பேசிமுடிச்சாச்சு... இவளுக்கும் ரூட் கிளியராய்ட்டு", என்றாள்.

"நீங்க ரெண்டுபேரும் சரி... மத்தவங்கல்லாம் ஏன் உம்முன்னு இருக்காங்க".

"அத நீ அவங்ககிட்டதான் கேக்கணும்... வேணும்னா அத்தகிட்ட பய்ய போய் கேட்டுப்பாரேன்".

அவள் சொன்னவுடன் அடுக்களைக்கு விரைந்தான். அங்கே அவனது மாமா தேங்காய் தொலிக்க, அத்தை அவனுக்காக அவல்

இடித்துக்கொண்டிருந்தார். அதற்காக வைக்கப்பட்டிருந்த நாட்டுச் சர்க்கரையில் ஒரு துண்டையும், துருவிய தேங்காயில் ஒரு பிடியை-யும், கொஞ்சம் பச்சை அவலையும் அள்ளி தன் வாய்க்குள் திணித்-துக்கொண்டு, தன் பற்காளாலேயே அவலை அரைக்கத்தொடங்கி-னான். சர்க்கரை கரைந்து அவலுடனும் தேங்காயுடனும் கலப்பதைத் தன் கண்களை மூடி சில வினாடிகள் அனுபவித்துவிட்டு, வாயில் நிரம்பியிருந்த அவலைக் கொஞ்சம் கொஞ்சமாக விழுங்கினான்.

அதைப் பார்த்த அத்தை அவனைக் கிள்ளி, "மலமாடு கணக்கா வளந்துட்ட... இன்னும் இந்தப் பழக்கம் போவல..." என்றார்.

அவரைப் பார்த்து வெகுளியாகச் சிரித்துவிட்டு, "அது அப்படி-தான்", என்றான்.

அத்தை புன்னகைத்தபடியே, மீண்டும் அவல் இடிப்பதைத் தொடர்ந்தார். அப்போது, அவரையே கொஞ்ச நேரம் பார்த்துவிட்டு, பேசத் தொடங்கினான். "யத்தே... கல்யாண வேலையெல்லாம் எப்ப-டிப் போகு".

"ம்ம்... கொமாரகோயில்லதான் தாலிக்கட்டு... அது முடிஞ்சால பக்கத்துலயே உடுப்பி ஹோட்டல்ல சாப்பாடு... என்ன வேல இருக்கு பாக்க", எனச் சலித்துக்கொண்டே சொன்னார்.

"என்னத்தே இப்படி சொல்லுகீங்க... ஊரழைக்கணும்... மறுவீடு... ரிசப்ஷன்... எவ்வளோ கெடக்கு..."

"மக்ளே... அதெல்லாம் ஒன்னும் கெடையாது... தாலிகட்டு முடிஞ்சால அக்கா புத்தேரிக்கு அவ்வோ வீட்டுக்குப் போயிடுவா"

"யான் த்தே?"

"ஒன் அக்காளுக்கு இது செய்யதே பெருசு... ஆச்சி, தாத்தா, அம்ம, அப்பேன்னு வீட்ல யாரு சொன்னடியும் கேக்காம அவந்தான் வேணுன்னு போறா... அந்தப் பயலுக்குச் சரியா ஒரு வேலகூட இல்ல... இவள நல்ல வச்சுப் பாத்துப்பானா... அதுபோக உன் ரெண்டாவ்து பெரியப்பா வேற அவ இப்படி கல்யாணத்துக்குப் பொறவு இங்க வந்தா அவன் வரமாட்டேன்னு சொல்லுறான்... அதெல்லாம் தெரிஞ்சும் போறால்ல... நம்ம அவ்வளோதான் செய்ய முடியும்"

அத்தை கூறிய சொற்கள் அவன் மூளைக்கு எட்ட சில நொடி-கள் பிடித்தது. அப்படியே உறைந்துதான் போனான்.

அப்போது அதைக் கேட்டுக்கொண்டிருந்த மாமா, "இப்போத்தான் புத்தேரிக்கு மாறிப் போயிருக்கான்... இதுக்கு மிந்தி அவ்வோ வீடு

எங்க இருந்து தெரியுமா... வீர்ணமங்கலத்துக்கு அடுத்தால ஒரு சர்ச் இருக்கும் பாத்துருக்கியா... அங்கணதான் எங்கயோ", எனக் கூறினார்.

அவனுக்குக் காரணம் கொஞ்சம் கொஞ்சமாகப் புரியத் தொடங்கியது. அந்தக் காரணத்தையே முழுவதும் விழுங்க முடியாததால், இடித்த அவலைச் சரியாகச் சாப்பிடாமல் கொஞ்ச நேரம் பேசிவிட்டு கிளம்பினான். வேலைக்குத் திரும்பும் வழியில் அவனுக்கு அந்தக் காரணம் மட்டுமே உறுத்தலாக இருந்தது. கைபேசி எடுத்து அப்பாவை அழைத்தான். நடந்தவற்றைக் கூறினான். அவன் சொன்னவற்றைப் பொறுமையாகக் கேட்ட அப்பா, எல்லாம் சொல்லி முடிந்ததும் வாய்விட்டுச் சிரித்தார். பிறகு பேசத் தொடங்கினார்.

"இதுக்கே இப்படி மூக்கால அழுவுறியே... அழயாண்ட்ரத்து மாமா என்ன சொன்னா தெரியுமா?", சிரித்தபடியே கேட்டார்.

"என்ன... தங்கச்சி கல்யாணத்துக்கு ஏதும் கண்டீஷனா?"

"ம்ம்... கல்யாணத்துக்குப் பொறவு உன் அக்கா நம்ம வீட்டுக்கு வரக்கூடாதாம்... வர மாட்டான்னு அவகிட்டயும் அவ மாப்ளகிட்டயும் எழுதி வாங்கச்சொல்றாங்க... சொத்துலயும் பங்கு கேக்கமாட்டொம்ன்னு எழுதிகொடுக்கணுமாம்... இதெல்லாம் தங்கச்சி கல்யாணத்துக்கு மிந்தியே எழுதிவாங்கணுமாம்"

"என்ன அநியாயம் இது... இதெல்லாம் எழுதி வாங்கிட்டு நீங்க எல்லாரும் இன்னும் பத்து பதினஞ்சு வருசத்துல செத்து போயிருவியோ... ஆனா அக்காளும் தங்கச்சியும் வாழ்க்க முழுக்க சாகுகதுவர பேசிக்கக்கூடாது..."

"நீ எனகிட்ட ஏன்டே கோவப்படுக... அத அவ்வோ அப்டி கேக்கதுக்க காரணமே நம்ம வீட்ல இருந்து ஒரு ஆளு உன் பெரியப்பனுக்கிட்டகூட பேசாம ஒரு அனக்கமும் இல்லாம அந்த மாமாகிட்ட சொத்து நம்ம குடும்பத்துக்குள்ளதான் இருக்கும்... ஒரு பைசாகூட உங்காக்களுக்குக் குடுக்கமாட்டோம்னு சொல்லியிருக்கு... யாருன்னுதான் தெரியல. இதுல நீ என்கிட்ட கோவப்பட்டு என்ன கெடைக்கப்போவுது" என்றார் அப்பா.

"பின்ன... அவாள் இன்னைக்கு இவளுக்குச் சொல்றததான நாளைக்கு எனக்கும் சொல்லுவா..."

"உனக்கு என்னடே சொல்லப்போறா..."

"நானும் வெளியாளத்தான பாத்து வச்சிருக்கேன்... அவளையும் சேத்துக்கமாட்டேன்னுதான சொல்லுவாங்க"

"அதெல்லாம் சொல்ல மாட்டாங்கடே... என்னத்தையாம் ஒளறாதென்னா"

"நான் ஒன்னும் ஒளறல... காலேஜ் படிக்கச்சில ஒரு புள்ளய லவ் பண்ணுனேன்... அதுக்கு அவ்வோ எல்லாம் சொன்னா..."

ஒரு வினாடி யோசித்துவிட்டு, அப்பா "அந்தப் புள்ள வடிசொரத்துக்காரிதான...", என்றார்.

"ம்ம்".

"இவ விசாகப்பட்னமா... கல்கத்தாவா..."

"ரெண்டும்தான்..."

"என்னமோ... இவனுவளுக்கு வீர்ணமங்கலமும் வடிசொரமுந்தான் தெரியும்... விசாகப்பட்னம்லாம் தெரியாது... மனசுலாச்சா"

"அதெப்படி சொல்லுகீங்க"

"பொறவு இன்னைக்கு உன் ஆச்சி, அத்தமாறு, பெரியம்மை எல்லாரும் எப்படி அவகிட்ட பேசுனாங்க? இதே மாதிரி உங்க அக்காளுக்க மாப்ளகிட்ட பேசுவாங்கன்னு நெனைக்கியா"

"பேச மாட்டாங்களோ?"

"நொட்டுவாங்க... இவனுவளுக்கு ஆராம்ப்ளிக்கு வடக்க ஒரு ஒலகம் இருக்கதே இன்னும் தெரியாது... அவனுக்க ஊரு வீர்ணமங்கலங்கதுதான் இவாளுக்குப் பிரச்சன... அந்த ஊருகாரன் நம்ம வீட்டுக்கு வருகதுதான் பிரச்சன... மத்தபடி அவனுக்கு வேல இல்ல, மயிரு இல்லன்னு சொல்லுகதுலாம் சும்மா... ஒனக்கு மட்டும் என்ன வேலையா இருக்கு... நீ உன்ன நம்பி வரவள எப்படிப் பாத்துப்ப..."

அப்பா பேசுவதை அமைதியாகக் கேட்டுக்கொண்டே சிந்திக்கலானான். அப்பா மேலும் தொடர்ந்தார்.

"மறுவடி சொல்றேன்... இவாளுக்கு வீர்ணமங்கலந்தான் தெரியும்... விசாகப்பட்னம் தெரியாது..."

அவனும் அவன் அக்காவும் ஒரே வீட்டில் ஒரே நாள் வெறும் நான்கு மணிநேர இடைவெளியில் பிறந்தவர்கள். ஆனால் அவர்கள் உலகங்களுக்கு நடுவில் இருக்கும் இடைவெளி அளவிடமுடியாததாக இருந்ததை அவன் அப்போதுதான் உணர்ந்தான். இன்னும் சில ஆண்டுகளில் சாகப்போகும் மாமாக்களும் பெரியப்பாக்களும் சேர்ந்து எடுத்த முடிவில் தன் அக்காவும் தங்கையும் வாழ்நாள் முழுக்க பிரிந்திருக்கப் போகிறார்கள் என்பதுதான் அவனை மீண்டும் மீண்டும் உறுத்திக்கொண்டே இருந்தது. அதோடு வேறொன்றும் விளங்கியது. குறுகிய மனம் படைத்த அவன் ஊருக்கு விசாகப்பட்டினமும் ஒரு

ஃபேஸ் ஆப்தான்.

- சந்தோஷ் மாதேவன்,

நாகர்கோவில், ஏப்ரல் 11, 2021.

பின்வாசல்

பெண்கள் எந்த சமூகத்தில் பிறந்தாலும் அவர்கள் ஒடுக்கப்பட்டவர்கள்தாம் என்பதைப் பலர் சொல்லிக் கேட்டிருக்கிறேன். அதைப் புரிந்தும் இருக்கிறேன். ஆனால், அதை முழுவதும் உணர, இப்படியொரு சம்பவத்தைக் கடந்து வரவேண்டியிருந்தது. "Love is Political" என்ற வசனம் வெறும் வசனமல்ல என்பதை போகிற போக்கில் உணர்த்திய சம்பவம் அது. அதை மேலும் அலச, அந்த வசனத்தைத் தன் திரைப்படத்தின் வாயிலாக உணர்த்தியவருடன் உரையாடும் வாய்ப்பு கிடைத்தது. அடுத்த அத்தியாயத்தில்.

16

மீண்டும் புதிய அலை! ஒரு நீலக் கடலலை!

தெருநடை

படைப்பு: அனுபவக் குறிப்பு

வகைமை: சுட்டறிவு

இயல்: அரசியல்

என் காதலையும் கருத்தியலையும் என் கலையில் பின்னுவது எப்படி எனக் குழம்பிக் கொண்டிருந்த காலத்தில் ஒருநாள்.

முன்றில்

விடை தெரியாத கேள்விகளை
எளிதில் கேட்டுவிடுகிறேன்...
விடையறிந்த கேள்விகளைக்
கேட்கப் போராடுகிறேன்!
- அழுக்குச் சுவர் கிறுக்கல்கள் -
செப்டம்பர் 2, 2019

ஒரு முறை, ஒரு வட இந்திய நிறுவனம் உருவாக்கிய ஆவணப்-படம் ஒன்றில் தமிழ் திரையுலகைச் சார்ந்த சில இயக்குநர்கள் பேசி-யிருந்தனர். ‘சமூக மாற்றத்தில் சினிமா’ என்பது குறித்த படம் அது. அதில் இயக்குநர் பா. இரஞ்சித்தின் பகுதிக்கு மொழிபெயர்ப்பாளராக நான் பணியாற்றிக் கொண்டிருந்தேன்.

அதன் படமாக்கலின்போது, நிறைய பேசினார், இரஞ்சித். அப்-போது, அவர் முதன்முதலில் எடுக்க நினைத்த சினிமா குறித்தும், அதில் ஏற்பட்ட தடங்கல் குறித்தும் எங்களிடம் விவரித்தார். அப்-போது அவர் கூறியதன் சாரம்.

"பொதுவா ஒரு சினிமா எடுக்கும்போது அதுக்கான reference எடுக்குறது வழக்கம். அது மாதிரி கதைக்களத்துல, கருத்தோட ஏற்-கனவே வந்த படங்கள் என்னென்ன, அதுல எப்படி சொல்லியி-ருக்காங்க, என்ன காட்டியிருக்காங்கனு பாத்து நம்ம திரைக்கதை அமைப்போம். அந்த மாதிரி நான் எடுக்க நினைத்த சினிமாவுக்கு reference தேடும்போது இங்க சரியானதா ஒண்ணுமேயில்ல. எங்-கயிருந்து தொடங்குறதுன்னு எனக்குத் தெரியல. ‘பாரதிகண்ணம்மா’, ‘என்னுயிர் தோழன்’னு இருந்த ஒண்ணு ரெண்டு படங்களுமேகூட ஒரு ஆதிக்கசாதி மனநிலையில, மீட்பர் கண்ணோட்டத்துல இருந்த படங்கள்தான். அதனால நான் எடுக்க நினைத்த படத்தப் பத்தி புரி-யவைக்கிறதே பெரும்பாடா இருந்தது."

அவர் இன்னும் நிறைய அனுபவங்களைக் குறித்துப் பேசியிருந்-தாலும், எனக்குள் இந்த ஒரு செய்தி மட்டும் அப்படியொரு தாக்-கத்தை ஏற்படுத்தியது. இதற்கு முன் தமிழ் சினிமாவில் இருவருக்கு இதே போன்ற அனுபவம் நேர்ந்திருக்கிறது.

முதலாவதாக 1950களில் வீணை எஸ். பாலச்சந்தர் (கே. பாலச்-சந்தர் அல்ல). அவர் சினிமாவுக்காக செய்த வேலைகள் எண்ணில-டங்காதவை. இன்று மாற்று சினிமா குறித்து இத்தனை விவாதங்கள் நிகழ்வதற்கும், மணிரத்னம், செல்வராகவன், மிஷ்கின், ராம் எனச் சிலாகித்து திரை ஆர்வலர்கள் மார்தட்டிக்கொள்வதற்கும் முதல் வித்திட்டவர் வீணை எஸ். பாலச்சந்தர்.

அவருக்கு அடுத்ததாக பாரதிராஜா. எஸ் பாலச்சந்தருக்கும் இரஞ்சித்துக்கும் கூட அமையாத ஒன்று. ஒரே படத்தில் ஒட்டு-மொத்த சினிமா இலக்கணத்தையும் மூட்டைக்கட்டி பரனில் போட்டு-விட்டார். அவர் போட்ட பாதையில் இன்றுவரை பயணித்துக்கொண்-டிருக்கிறது தமிழ் திரைப் படைப்பாளர் சமூகத்தின் ஒரு பெரும்பகுதி.

அதே போன்ற புதிய அலை மீண்டும் அடித்தது இரஞ்சித்தின் வருகைக்குப் பிறகுதான். அவருக்கு இல்லாத reference-ஐ இப்போது அவருக்குப் பின்னால் வந்த, வரவிருக்கும் அனைவருக்கும் உருவாக்கிவிட்டார்.

இந்த மூவரும் ஏதோ புதுமை செய்ய வேண்டுமென்றோ, கருத்து சொல்ல வேண்டுமென்றோ மட்டும் திரைப்படங்களை உருவாக்கியவர்கள் அல்ல. அதை மட்டுமே நோக்கமாகக் கொண்டிருந்தால் பாதை வகுத்தவர்களாகியிருக்க வாய்ப்பிருந்திருக்காது. பாரதிராஜாவை வெறும் ‘கிராமத்து இயக்குநர்’ என்றோ, இரஞ்சித்தை வெறும் ‘புரட்சி இயக்குநர்’ என்றோ அவர்கள் மீது பூசப்படும் பொதுக் கருத்தை நானும் வழிமொழிய விரும்பவில்லை.

அவர்கள் திரைப்படத்தைக் கலையாகப் பார்த்து அதன் மூலம் சமூகத்துக்குள் ஒரு விசையைப் பாய்ச்சியவர்கள். காட்சி மொழி நுணுக்கங்கள், staging, வசன நேர்த்தி, ஒளிப்பதிவு படத்தொகுப்பு கையாள்கை என எல்லாவற்றிலும் தேர்ந்தவர்கள். அந்தக் கலை நேர்த்தியின் மீது தம் கதைகளையும், கருத்தியலையும் ஏற்றிச் சொன்னவர்கள். இப்படிப்பட்ட கலைஞர்கள் ஒரு கால் நூற்றாண்டுக்கு ஒரு முறை முளைப்பவர்கள்.

‘அட்டகத்தி’ உருவாக்க இரஞ்சித்துக்கு reference இல்லாமல் இருந்திருக்கலாம். ஆனால் இனி வரவிருக்கும் பல தசாப்தங்களுக்கு ‘அட்டகத்தி’யும், ‘மெட்ராஸு’ம், ‘சார்பட்டா பரம்பரை’யும் தான் reference என்ற நிலையை உருவாக்கியதே இரஞ்சித்தின் artistic conviction. பிற காரணங்களோடு இந்தக் காரணத்துக்காவும் அவரைப் போற்றவேண்டிய கடமை நமக்கிருக்கிறது. #HBDPaRanjith

- சந்தோஷ் மாதேவன்,
சென்னை, திசம்பர் 8, 2021.

பின்வாசல்

யாரையெல்லாம் பார்த்து என் கலையை அரசியல்படுத்த வேண்டும் என ஊக்கம்கொண்டேனோ, அவர்களில் முகாமையானவருடன் உரையாடி அவரின் பயணம் தொடங்கிய கதையைக் கேட்டதில் அத்தனை மகிழ்ச்சி. அதுகுறித்து அவர் பிறந்தநாள் அன்று முகநூலில் எழுதிய பதிவு இது. அதன் பிறகு நான் கடந்து வந்த எல்லாவற்றையும் பகுத்தறிய இந்த உரையாடலும் ஒரு காரணமாகிப் போனது. அதில் நான் பகுத்தறிந்தது பல உண்டு. அதில் இரண்டை அடுத்த இரண்டு அத்தியாயங்களில் பகிர்கிறேன்.

17

எல்லா வெளக்கமாறும் ஒண்ணுதான்

தெருநடை
படைப்பு: பாடல் திறனாய்வு
வகைமை: சுட்டறிவு
இயல்: கற்பியல்

ஆண் பெரும்பாலும் ஒடுக்கப்பட்ட சமுதாயத்தில் பிறக்கும்போதுதான் அடக்குமுறைக்கு உள்ளாகிறான். ஆனால் பெண் எந்த சமுதாயத்தில் பிறந்தாலும் அடக்கப்படுகிறாள் என்பதை உணர்ந்த மற்றும் ஒருநாள்.

முன்றில்

ஏற்கனவே அவள்
கவிதையாகத்தான் இருக்கிறாள்
நான் என்ன எழுதிவிட முடியம்?
- அழுக்குச் சுவர் கிறுக்கல்கள் -
செப்டம்பர் 3, 2019

திருட்டுப்பயலே-2 படத்தில் இடம்பெறும் ஒரு வசனம். 'போலீஸ்ல ரெண்டே வகைதான் உண்டு. ஒண்ணு corrupt, இன்னொண்ணு honest-corrupt'. அதாவது காவல்துறையில் இருக்கும் அத்தனைபேருமே நேர்மையற்றவர்கள்தாம் என்பதைக் குறிப்பதுபோல் நக்கலாக அமைந்திருக்கும் அந்த வசனம்.

தற்போது வெளிவந்திருக்கும் 'ஊ சொல்றியா... ஊ ஊ சொல்றியா' பாடல் ஆண்கள் மீது வைப்பதுகூட இப்படிப்பட்ட ஒரு பார்வையைத்தான். அந்தப் பாடல் முழுக்க முழுக்க பொழுதுபோக்குக்காக 'புஷ்பா' படத்தில் இடம்பெற்றிருக்கும் பாடல்தான். அதை அப்படியே விட்டிருந்தால்கூட சில காலத்துக்குப் ப்ளேலிஸ்ட்டில் இருந்து பிறகு காணாமல்போயிருக்கும்.

என்றாலும், சில உண்மைகளைப் போகிறபோக்கில் சொல்லிவிட்டுச் சென்றிருப்பதால் அதன் மீது தமிழகம், ஆந்திரா, தெலுங்கானா, கேரளா என எல்லா மாநிலத்து ஆண்களும் வன்மத்தைக் கொட்டித்தீர்த்து வருகிறார்கள்.

மேலும் பாடியிருப்பது ஆண்ட்ரியாவாகவும், அதில் நடனமாடியிருப்பது சமந்தாவாகவும் இருப்பதால் வன்மத்தோடு, ஆண் பேரினவாதத்தையும் தேவையான அளவு சேர்த்து கலந்துகட்டி அடித்துக்கொண்டிருக்கின்றனர். போதாக்குறைக்கு அந்தப் பாடலின் Male Version-ஐயும் வெளியிட்டிருக்கின்றனர்.

இந்தப் பாடலுக்கே இத்தனை வன்மம் என்றால், இவர்களிடம் 'Every Man is a Potential Rapist', 'Yes All Men' போன்ற சொல்லாடல்கள் புழக்கத்தில் இருப்பது தெரியவந்தால் என்ன செய்வார்கள் எனத் தெரியவில்லை.

சரி, உண்மையிலேயே இந்தப் பாடலுக்கு எதிர் வினையாற்றும் அளவுக்கு ஆண்கள் யோக்கியர்களா என்றால், அதுவும் இல்லைதான். திருட்டுப்பயலே-2 படத்தில் சொல்வது போலத்தான். இங்கே ஆண்களில் சில வகைகள் உண்டு. முதலில் அயோக்கியர்கள். இரண்டாவதாக யோக்கியர்களாக வேடமிடும் அயோக்கியர்கள். அடுத்தது, யோக்கியர்களாக இருக்க நினைக்கும் அயோக்கியர்கள். கடைசியாக, யோக்கியர்களாக இருக்க முயலும் அயோக்கியர்கள்.

இதில் முதல் இரண்டு வகையில் இருப்பவர்கள், முழுக்கவுமே ஆண் பேரினவாதிகள். அதிலும் முதலாவது வகையில் இருப்பவர்களைக் கூட நம்பலாம், ஏனென்றால் ஆணாதிக்கவாதிகளாக இருந்தாலும் அவர்களிடம் கள்ளத்தனம் இருக்காது. வெளிப்படையாக

எல்லா பெண்களையும் எள்ளி நகையாடி, குறைகூறி, அடக்கவும் நினைப்பவர்கள்.

இரண்டாவது வகையில் இருப்பவர்கள்தாம் கடைந்தெடுத்த அயோக்கியர்கள். இப்படிப்பட்டவர்கள்தாம் 'தன் மனைவிக்கு எல்லா வகையான சுதந்திரத்தையும் கொடுத்துவிட்டதாக மார்தட்டிக்கொள்பவர்கள்'. ஆனால் ஆழ்மனத்தில் ஆணாதிக்க மனப்பான்மையே அவர்களிடம் இருக்கும்.

மூன்றாவது வகையில் இருப்பவர்கள், தான் ஒரு ஆண் பேரினவாதியாக இருப்பதையும் அப்படி இருப்பது தவறு என்பதையும் உணர்ந்தவர்கள். அந்த வட்டத்தைவிட்டு வெளியே வருவது கடினம் எனவும் நம்பும் அப்பாவி அயோக்கியர்கள். 'அவங்கபாட்டுக்கு அவங்க விருப்பத்துக்கு வாழ்ந்துட்டு போறாங்க, நமக்கு எதுக்கு வம்பு' என இருப்பவர்கள். ஆனால், தன் மனைவி, தன் காதலி, தன் அக்கா, தங்கை என வரும்போது அவர்களுக்கு அந்த வட்டத்தைவிட்டு வெளியே வருவது கடினமானதாக இருக்கும்.

கடைசி வகையில் இருப்பவர்கள், மூன்றாவது வகையின் ஒரு upgraded version. தன்னால் அந்த வட்டத்தைவிட்டு வெளியே வர முடியும் என நம்பி அதற்கான முயற்சியில் உண்மையாக ஈடுபடுபவர்கள். தன் மனைவி, காதலி, அக்கா, தங்கையும் தற்சார்போடு இருக்கவேண்டும் என விரும்புகிறவர்கள்.

ஆனால், அடிப்படையில் இந்த நான்கு வகை ஆண்களுமே மனதளவில் அயோக்கியர்கள்தாம். ஆனால், அதை வெளிக்காட்டிகொள்வதில், நடைமுறைபடுத்துவதில் எவ்வளவு அறம் இருக்கிறது என்பதில்தான் இவர்கள் வேறுபடுகிறார்கள்.

எப்படியிருந்தாலும் "விளக்கை அணைத்தால் எல்லா வெளக்கமாறும் ஒண்ணுதான்".

- சந்தோஷ் மாதேவன்,

சென்னை, திசம்பர் 14, 2021.

பின்வாசல்

அது வெறும் ஒரு கவர்ச்சிப் பாடல்தானே எனக் கடந்து செல்ல முடியாத ஒரு பாடலாக இருந்தது. வெறும் பாடலாக இருந்திருந்தால் ஏன் வயிற்றெரிச்சல் பிடித்த ஆண்கள் ‘ஊ சொல்றியா மாமி’ உள்பட எதிர்ப்பாடல்கள் பலவற்றைப் பாட வேண்டிவந்தது? அதற்கான எதிர்வினையாக முகநூலில் நான் எழுதிய பதிவு.

18

திடீரென வரவில்லை இந்தப் பித்து

தெருநடை
படைப்பு: கட்டுரை
வகைமை: பகுத்தறிவு
இயல்: அரசியல்

கலை என்பது ஒரு சமூகத்தின் சாரம் என்றால் எப்படி எல்லா சமூகத்துக்கும் பொதுவான ஒற்றைத் தன்மையில் கலை படைக்கப்படும் என்ற கேள்வியைக் கேட்கத் தொடங்கிய வேளையில் ஒருநாள்.

முன்றில்

பட்டாம்பூச்சிக்குத் தெரியுமா
கருப்பு சிவப்பு நீலம் காவி
எல்லாம் வெறும் வண்ணங்களில்லை என?
- அழுக்குச் சுவர் கிறுக்கல்கள் -
செப்டம்பர் 7, 2019

தயாரிப்பாளர் கலைப்புலி தாணு 'கர்ணன்' வெளியாகும் காலகட்டத்தில் கொடுத்த பேட்டி ஒன்றில் 'மஞ்சனத்தி புராணம்', பாடல் சர்ச்சை குறித்து விளக்கியிருந்தார். முதலில் 'பண்டாரத்தி புராணம்' எனப் பெயரிடப்பட்ட அந்தப் பாடலுக்கு பல எதிர்ப்புகள் எழுந்தன. அடிப்படையில் 'கர்ணன்' கதை நிகழும் தூத்துக்குடி மாவட்டத்தில் முதற்பெயராக இருக்கும் பண்டாரத்தி, தமிழகத்தில் வேறு சில பகுதிகளில் சாதியக் குறியீடாகப் பார்க்கப்படுகிறது என்பதால் அந்தச் சிக்கல் எழுந்தது. இயக்குநர் மாரி செல்வராஜின் குடும்பத்தினரில் அவர் அக்கா உட்பட சிலருக்கும் அந்தப் பகுதியில் வாழும் பலருக்கும் பண்டாரத்தி எனப் பெயர் இருப்பதாக அரசு ஆவணங்கள் சமர்ப்பிக்கப்பட்டும் அவை ஏற்கப்படவில்லை. அதனால் அந்தப் பாடலை மஞ்சனத்தி புராணமாக மாற்றி எழுதினர்.

தமிழகம் போன்று பன்மைத்தன்மை நிரம்பிய ஒரு சமூகத்தில் ஒரு படைப்பாளி, தான் கூறவரும் ஒவ்வொரு சொல்லையும்கூட பொதுவழக்குக்கு ஏற்றவாறு மாற்ற வேண்டிய சூழல் இருக்கிறது. இப்படிப்பட்ட சூழல் சார் சமரசங்களால் தெரிந்தோ தெரியாமலோ ஒரு படைப்பாளி தன் கலை நேர்மையிலிருந்தும் மரபை ஆவணம் செய்யும் நேர்த்தியிலிருந்தும் தவறவும் வாய்ப்பிருக்கிறது. இப்படி, ஒரு நேர்மையான pan-Tamilnadu படத்தையே எடுக்க முடியாத ஒரு சமூகத்தில் pan-India வெறும் மாயையாகத்தானே இருக்க முடியும்.

எப்படி பண்டாரத்தியைப் பொது வழக்குக்கு மாற்றும்போது மஞ்சனத்தி ஆக்கவேண்டியிருந்ததோ, அதேபோல் இந்தப் பேன்-இந்தியப் படங்களுக்கும் ஒரு பொது அடையாளம் தேவைப்படுகிறது.

'சந்திரலேகா', 'மாயா பஜார்' காலம் தொட்டே பேன்-இந்தியப் படங்கள் அடிப்படையில் ஒரு சில வகைமைகளுக்குள் சுருங்கித்தான் இருக்கின்றன. புராணக் கதைகள், மாயக்கதைகள் அல்லது கட்டுக்கதைகள்தாம் அவை. அதுதான் 'தசாவதாரம்', 'எந்திரன்', 'பாகுபலி', 'கே.ஜி.எஃப்' வரையில் தொடர்ந்து வந்திருக்கிறது.

'ரோஜா', 'பம்பாய்' போன்ற பிற்கால பேன்-இந்தியப் படங்கள் அந்த வகைமைகளில், தீவிரவாதம், தேசியவாதம், அல்லது இரண்டும் கலந்த தீவிரதேசியவாதம் போன்றவற்றை இணைத்தன. அதன் விளைவாக திரைக்குள் வந்ததே இஸ்லாமோஃபோபியா, உயர்வு மனப்பான்மை, மீட்பர் மனநிலை எல்லாம். அந்த வரிசையில் வந்த பேன்-இந்தியப் படங்கள்தாம் 'பத்மாவத்', 'ஆர்.ஆர்.ஆர்' போன்-

றவை.

இப்படி ஒரு பொது அடையாளத்தை எப்படியேனும் புகுத்திவிட முயல்கின்றன பேன்-இந்தியப் படங்கள். அதனால்தான் வேட்டி கட்டிக்கொண்டு ஹோலி கொண்டாடுவது, ஷெர்வானி அணிந்தபடி பொங்கல் விடுவது போன்ற காட்சிகள் இவற்றில் வருகின்றன. பன்மைத்தன்மையைச் சிதைத்து ஒற்றைத்தன்மைக்குள் கொண்டுவரப்படுவதற்கு இந்தத் திரைப்படங்களும் ஒரு வழியாகிவிட்டன.

பெரிய சந்தை, பெரிய வணிகம் என்பது ஒரு வகையில் தொழிலுக்கு நன்மைதான். ஊதியம் அதிகமாக வருமென்றால் நாளைக்கே யாராக இருந்தாலும் ஒரு பேன்-இந்தியப் படத்தில் பணிபுரியத்தான் போகிறோம். ஆனால் அந்தப் பணி, இந்தப் பன்மைத்தன்மையைக் குலைத்திடாத வண்ணம் இருப்பதும் அவசியம்.

ஏனென்றால், ஒரே நாடு, ஒரே மதம், ஒரே மொழி என்பதற்குச் சற்றும் குறைவில்லாத ஒரு கருத்தியல்தான் ஒரே கலைவடித்தை உருவாக்க வேண்டும் என்பதும்.

- சந்தோஷ் மாதேவன்,

சென்னை, ஏப்ரல் 16, 2022.

பின்வாசல்

ஒரு கட்டத்துக்கு மேல் எல்லாவற்றையும் கேள்விகேட்கத் தொடங்கிவிட்டேன். கேள்விகளும் அதைத் தொடர்ந்து வரும் உரையாடல்களும்தான் என்னை உந்தித் தள்ளுகின்றன. அப்படி கேட்ட பல கேள்விகளில் இதுவும் ஒன்று. இதுவும் ஒரு முகநூல் பதிவு. முன்பெல்லாம் வெறும் கோபத்தைக் கொட்ட பயன்படுத்திய எழுத்தை இந்தக் கேள்விகளும் உரையாடல்களும் ஆசுவாசப்படுத்தின. அந்த ஆசுவாசம் என்னை எங்கே கொண்டுவந்திருக்கிறது தெரியுமா? அடுத்த அத்தியாயத்தில்.

19

காலடித்தடங்களும் நினைவுகளும்!

தெருநடை

படைப்பு: அனுபவக் குறிப்பு

வகைமை: பட்டறிவு

இயல்: களவியல்

இந்தக் காதல் கத்தரிக்காய் கொத்தமல்லி எல்லாம் நமக்கானது இல்லையோ என்ற தற்காலிக ஐயப்பாட்டுடன் நான் ஊர் உலகம் சுற்றிக்கொண்டிருந்தபோது ஒருநாள்.

முன்றில்

எதிர்காலத்திலிருந்து
நிகழ்காலத்துக்கு வந்துவிழும்
கற்பனைகளையே படைக்கவிரும்புவதால்
நிகழ்காலத்துக்காகக்
காத்துக்கொண்டிருக்கிறேன்!
- பென்சில் கிறுக்கல்கள் -
நவம்பர் 9, 2020

முன்னாள் காதலியின் திருமணச் செய்தி அத்தனை எளிதில் கடந்து விடக்கூடிய ஒன்றல்ல. எப்படியும் அந்த ஆண்டு அவளுக்கும் எனக்கும் திருமாணமாகிவிடும் என்ற நம்பிக்கையில் நான் இருந்த வேளையில், மூன்று ஆண்டுகளுக்கு முன் "நாம் பிரிந்துவிடுவோம்" என அவள் அறிவித்தபோது எழுந்த வலி ஏனோ அவள் திருமணப் புகைப்படங்களைப் பார்த்தபோது எழவில்லை. மாறாக ஒரு நம்பிக்கையைக் கொடுத்தது. கடந்த மாதம், வேலை நிமித்தமாக வடக்கு மற்றும் வடகிழக்கு இந்திய மாநிலங்களுக்குச் செய்த பயணத்துக்கு இடையே அந்தப் புகைப்படங்களைப் பார்க்க நேர்ந்தது.

எத்தனையோ காடுகளையும் மலைகளையும் பார்த்திருக்கிறேன். ஆனால் மேகாலயா மாநிலத் தலைநகர் சில்லாங்கில் உள்ள ஹிமா மஃபாங்க் காடுகள் அளவுக்கு குப்பைகளற்ற ஒரு காட்டை இதுவரை பார்த்ததில்லை.

ஒரு ரூபாய் மிட்டாய்க்களை சுமந்து வரும் சிறிய நெகிழித் தாள்களை பிரிக்கும்போது அதில் பிரித்த தாள் சில நேரங்களில் கிழிந்து ஒரு குறு துண்டு நாம் கைகளில் வருமல்லவா. அந்த துண்டு அளவுக் குப்பை கூட எங்கும் கண்டுவிட முடியாத தூய்மையான காடு அது. அவர்கள் அந்தக் காட்டை தங்கள் புனிதக் காடு (Sacred Forest) என்றே அழைக்கின்றனர்.

அதற்கு ஒரு காரணமும் உள்ளது.

அந்தக் காடு இருக்கும் மஃபாங்க் பழங்குடி கிராமத்திலிருந்து எங்களுக்கு அந்தக் காட்டைச் சுற்றிக்காட்ட வந்த நிகில், (அப்போது வழிகாட்டி; இப்போது நண்பர்), அந்தக் காரணத்தை விளக்கினார்.

சில்லாங் கிட்டத்தட்ட 24 ராஜியங்களை உள்ளடக்கிய ஒரு பகுதி. மஃபாங்க் போன்று ஒவ்வொரு பழங்குடி கிராமமும் ஒரு ராஜியமாகக் கருதப்படுகிறது. ஒவ்வொரு கிராமத்துக்கும் ஒரு அரசர், மந்திரிகள் மற்றும் ஒரு குலதெய்வம் அல்லது காவல்தெய்வம் உள்ளனர்.

இந்தக் காவல் தெய்வத்தின் விருப்பத்துக்கு ஒத்திசைந்து வாழவேண்டியது அந்த கிராம மக்களின் கடமை. தெய்வத்தின் விருப்பத்துக்கு மாறாக ஒருவர் இயங்கும் பட்சத்தில் அவர்கள் எதிர்காலம் சரியான ஒரு நிலைக்குச் செல்லாது என்பது அவர்களின் நம்பிக்கை. எனக்கு அடிப்படையில் இதுபோன்ற நம்பிக்கைகளில் உடன்பாடில்லை என்றாலும் இந்த நம்பிக்கையே காட்டைச் சுத்தமாக வைக்க

அவர்களுக்கான காரணமாக இருப்பது ஒரு வகையில் எனக்கு மகிழ்ச்சியைத் தந்தது.

அந்தக் காட்டை ஆள்வது அவர்களுடைய தெய்வம். அந்தக் காடே தெய்வத்துக்குச் சொந்தமானது. ஆண்டுக்கு ஒருமுறை உயிர்ப்பலி கொடுத்து, அந்த தெய்வத்தைப் பார்த்துக்கொள்ள வேண்டியது இந்த அரசர் மற்றும் கிராமத்து மக்களின் வாழ்க்கைக்கான எழுதப்படாத விதி. அதற்கு ஈடாக அந்தக் காடு அவர்களுக்கான வாழ்வாதாரத்தைப் பார்த்துக்கொள்கிறது. அவர்களுக்கான உணவு, இருப்பிடத்துக்கான மூலப் பொருட்கள் அனைத்தையும் அந்தக் காடே வழங்குகிறது.

காட்டிலிருந்து இத்தனையையும் எடுத்துக்கொள்ளும் உரிமையை அந்த ஊர் மக்களுக்கு மட்டுமே அந்த தெய்வம் வழங்கியிருக்கிறது. ஆனால் அந்தப் பொருட்களை எடுத்து வணிகமாக்கும் உரிமை அவர்களுக்கு இல்லை. அவர்களுடைய அன்றாட வாழ்வுக்கான தேவைகளுக்கு மட்டுமே அதிலிருந்து எடுத்துக்கொள்ள முடியும். வெளியாட்களுக்கு அந்த அனுமதி கூட வழங்கப்படவில்லை.

எங்களை காட்டுக்குள் அழைத்துச் செல்லும் முன், நிகில் எங்களிடம் ஆங்கிலத்தில்,

"Leave nothing but footprints;
Take nothing but memories"

எனக்கூறி அழைத்துச் சென்றார். எடுத்துச் செல்வதாக இருந்தால் நினைவுகளை மட்டும் எடுத்துச் செல்லுங்கள், விட்டுச் செல்வதாக இருந்தால் காலடித்தடங்களை மட்டும் விட்டுச் செல்லுங்கள்.

அந்தக் காட்டில் இருக்கும் செடிகள், பழங்கள், காளான், இலைகள், சருகுகள், ஏன் மண்ணைக் கூட எடுத்து வெளியே வர உரிமை இல்லை. அதேபோல, வெளியே இருந்து எடுத்து வரும் எதையும் விட்டுச் செல்லும் அனுமதியும் இல்லை. குப்பை உட்பட.

இதனை அவர் அனுமதி என்ற நிலையத் தாண்டி, அவர்களின் காவல் தெய்வத்தின் கட்டளை என்றே எங்களிடம் விளக்கினார். ஒருவேளை யாரேனும் அந்தக் கட்டளையை மீறினால், அவர்களுடைய எதிர்காலத்தைக் கேள்விக்குறியாக்கிவிடும் அவர்கள் தெய்வம் என்பது அவர்கள் நம்பிக்கை.

அவர் இதனை விளக்கிய விதத்தில் சிறிய அளவு கடவுள் நம்பிக்கை இருப்பவருக்குக் கூட பயம் வந்து, தெரியாமல் கூட எதையும் விட்டுவிட்டு வந்துவிடக் கூடாது என்கிற எச்சரிக்கை உள்ளூர

எழுந்ததைக் காண முடிந்தது.

முதலில் கூறியது போல எனக்கு இதில் நம்பிக்கை இல்லை என்றாலும், இதன் காரணம் கொண்டு அந்தக் காடு குப்பையற்ற நந்தவனமாக இருந்தது பெரும் மனமகிழ்ச்சியைத் தூண்டியது. ஆனால் அதைவிட எனக்கு அந்தப் பயணம் வேறொரு மன மாற்றத்தை எடுத்து வந்தது.

அந்தக் காட்டுக்குச் செல்வதற்கு ஒரு வாராத்துக்கு முன்புதான் முன்னாள் காதலியின் திருமணப் புகைப்படங்களைப் பார்த்தேன். பார்த்தபோது உடனே ஏற்பட்ட நினைவூட்டல், “he is the love of my life” எனக் கூறி அவள் என்னைவிட்டுச் சென்றதுதான்.

எத்தனைப் பேருக்கு தனக்காகப் படைக்கப்பட்டவர்களுடன் இறுதி வரை இணைந்து வாழும் வாய்ப்பு அமையும். சொன்னதைச் செய்துவிட்டாள். அவளுக்கு அது நிகழந்திருப்பது எனக்கு நம்பிக்கையைத்தான் கொடுத்தது. நமக்கும் அதுபோல் நிகழ்ந்துவிடாதா என்ற நம்பிக்கையை.

ஆனால், இதே உணர்வு எனக்கு, மூன்று ஆண்டுகளுக்கு முன் அவள் திருமணம் நடந்திருந்தால் வந்திருக்குமா என்றால், கண்டிப்பாக இல்லை என்றே சொல்வேன். வன்மத்தின், கோபத்தின் உச்சத்தில் இருந்திருப்பேன். எப்படி ஒவ்வொரு காதல் கதைக்கும் ஒரு தேன்திங்கள் பருவம் (honeymoon phase) உள்ளதோ, ஒவ்வொரு காதல் முறிவுக்கும் ஒரு தேன்திங்கள் பருவம் உள்ளது.

கோபம், அழுகை, பாதுகாப்பின்மை, மன அழுத்தம், மன உளைச்சல் என எல்லாமும் கலந்து வரும் பருவம் அது. அந்த உணர்வுகளையெல்லாம் வைத்துக்கொள்வது தவறில்லை. பாவம், நமக்கிருப்பது சாதாரண மனித மனம் தானே. ஆனால், அந்தப் பருவத்தைக் கடக்காமல் அங்கேயே தங்கிவிடுவது அந்த மனித மனத்துக்கு நல்லதல்ல என நினைக்கிறேன்.

நான் அங்கேயே தங்கிவிடவில்லை. ஆனால் மூன்று ஆண்டுகளுக்கு முன்னால் அவளிடம் கடைசியாகப் பேசி எங்களுக்குள் இருந்த தொடர்புகளைத் துண்டித்தபோது, நான் அமைதியான, நிதானமான மனநிலையில் இல்லை. அவள் திருமணப் புகைப்படங்களைப் பார்த்தபோது என்னை பெரிதும் துன்புறுத்தியது அந்த நினைவுதான்.

அப்போது தான் இந்தக் காட்டுப் பயணம். “எடுத்துச் செல்வதாக இருந்தால் நினைவுகளை மட்டும் எடுத்துச் செல்லுங்கள், விட்டுச்

செல்வதாக இருந்தால் காலடித்தடங்களை மட்டும் விட்டுச் செல்லுங்கள்'', என நிகில் கூறியது அந்தப் பயணம் முழுமைக்கும் எனக்குள் எதிரொலித்துக்கொண்டே இருந்தது.

கடைசியாக அவள் வாழ்க்கையில் நான் விட்டு வந்தது வன்மமும் வசைகளும். நான் வெறும் காலடித்தடங்களை அல்லவா விட்டுவிட்டு வந்திருக்க வேண்டும். காட்டிலிருந்து என் தங்கும் விடுதிக்கு வந்தவுடன் முதல் வேலையாக அவளுக்கும் அவள் கணவருக்கும் ஒரு வாழ்த்து மடலை எழுதி அனுப்பினேன்.

அவள் வாழ்வில் நான் விட்டுச் செல்லும் கடைசி காலடித்தடம் நான் அவளை மனமுவந்து வாழ்த்தியதாகவே இருக்க வேண்டும் என விரும்புகிறேன். அவளுடன் இருந்த நல்ல நினைவுகளை மட்டும் இறுதிவரை சுமக்கவும் விரும்புகிறேன்.

மூன்றாண்டுகளில் நான் இந்த மனநிலைக்கு வந்திருப்பதற்கு பல காரணங்கள் உள்ளன. முதலில் காலம். எல்லோரும் எப்போதும் கூறுவதுபோல் காலத்தைப் போன்ற சிறந்த ஒரு நிவாரணி அமைந்துவிட முடியாது. இரண்டாவது, மனிதர்கள். நான் சந்தித்து, உரையாடி, உறவாடிய பலர். மூன்றாவது, பட்டறிவும் சுட்டறிவும். பல சுய வாழ்க்கை அனுபவங்களும் படித்த புத்தகங்களும் கண்டுகளித்த திரைப்படங்களும் மேற்கொண்ட பயணங்களும், நான் இங்கே வந்து சேர வழிகாட்டின.

இவையெல்லாம் சேர்ந்து ஒவ்வொரு நாளும் நான் மாறவும் வளரவும் வழிவகுத்தாலும், அதற்கு நானும் இடம் கொடுத்தேன். ஒருவர் மாற அதுவும் அவசியம் என நம்புகிறேன். ஒருவேளை 2010-சந்தோஷ், 2020-சந்தோஷை சந்தித்தால் இவன்தான் நானா என அவனுக்குச் சந்தேகம் வரும். அதுவேதான் 2020-சந்தோஷ் மற்றும் 2025-சந்தோஷ் சந்திக்கும்போதும் ஏற்படும். ஒருவேளை 2010-சந்தோஷைவிட 2020-சந்தோஷ் நல்லவனாக இருக்கலாம். அதேபோல 2020-சந்தோஷைவிட 2025-சந்தோஷின் பகுத்தறியும் வல்லமை மேன்மையானதாகக் கூட இருக்கலாம். அதற்காக கடந்தகாலத்தை மொத்தமாக கழித்துவிட முடியாது.

கடந்தகால சந்தோஷின் அனுபவங்களே நிகழ்கால சந்தோஷை உருவாக்கியிருக்கின்றன. அப்படியென்றால், நிகழ்கால எனக்கு, எதிர்கால என்னை உருவாக்கத் தேவையான அனுபவங்களும் மனிதர்களும் அவசியம். இவன்தான் அவனை உருவாக்கப் போகிறான்.

கடந்தகாலத்துக்கு நன்றி சொல்லிவிட்டு அதிலிருந்து நினைவுகளை மட்டும் எடுத்துக்கொண்டு, நிகழ்காலத்தில் என் காலடித்தடங்களை மட்டும் விட்டுவிட்டு, எதிர்காலத்தை உருவாக்கத் தேவையான பயணங்களையும் திரைப்படங்களையும் புத்தகங்களையும் மனிதர்களையும் தேடித் தொடரப் போகிறேன்...

- சந்தோஷ் மாதேவன்,

சென்னை, திசம்பர் 10, 2024.

பின்வாசல்

ஒரு பத்து ஆண்டுகளுக்கு முன் நேர்ந்த காதல் தோல்விக்கு நான் ஆற்றிய எதிர்வினையும் இப்போது நான் செய்ததற்கும் இடையே எவ்வளவோ மாற்றங்கள். தன்னலத்தை முன்னிலைபடுத்தி உறவாடி-வந்த எனக்கு இந்தக் குறைந்தபட்ச பச்சாதாபம் வருவதற்கான முழு-முதற் காரணம் நான் கடந்துவந்த மனிதர்களும் திரைப்படங்களும் அனுபவங்களும்தாம்.

உரையாடுவோம் வாருங்கள்

என்னுடைய அனுபவங்களைச் சேகரிப்பதை நான் இப்போதைக்கு நிறுத்துவதாக இல்லை. எத்தனையோ மனிதர்களைக் கடந்து வந்த எனக்கு, இந்தப் புத்தகத்தின் இத்தனை பக்கங்களையும் புரட்டி இந்தப் பக்கத்துக்கு வந்திருக்கும் உங்களுடனும் உரையாட உறவாட ஒரு வாய்ப்பை நாம் இருவரும் அமைத்துக்கொள்வோம். இதுவரை 19 அத்தியாயங்களை நான் எழுதிவிட்டேன். என் புத்தகத்தின் அடுத்த அத்தியாயத்தை நீங்கள் எழுதுங்கள். என்ன வகைமை, என்ன இயல், என்ன படைப்பு என்பதை உங்களிடமே விட்டுவிடுகிறேன். அதற்காகச் சில காலிப் பக்கங்களையும் உங்களுக்காக விடுகிறேன். அதில் உங்கள் படைப்பை எழுதி அதைப் படமெடுத்து என்னுடன் பகிருங்கள். அங்கிருந்து நம் உறவையும் உரையாடல்களையும் தொடர்வோம்.

உங்கள் பக்கத்தின் படத்தை என்னுடன் பகிர
இன்ஸ்டாகிராமில் @sandy_maddy / டிவிட்டரில்
@myself_santhosh என்கிற கணக்குகளிலோ
அல்லது
மின்னஞ்சலில் kaakako2024@gmail.com /
kaakako@santhoshmathevan.com என்கிற முகவரிகளுக்கோ
அனுப்புங்கள்.

www.santhoshmathevan.com

20

தெருநடை

படைப்பு: ____________________

வகைமை: ________________

இயல்: ____________________

முன்றில்

பின்வாசல்

அந்தம்

அந்தப் பயணம்
இங்கே தொடங்கவில்லை...
அதனால் அது
இங்கேயே முடியப்போவதுமில்லை!
- அழுக்குச் சுவர் கிறுக்கல்கள் -
செப்டம்பர் 1, 2019

www.ingramcontent.com/pod-product-compliance
Lightning Source LLC
LaVergne TN
LVHW091323150826
845673LV00006B/1752

* 9 7 9 8 8 9 6 9 9 6 8 2 8 *